SHONA-ENGLISH
ENGLISH-SHONA
(ChiShona)

DICTIONARY AND PHRASEBOOK

SHONA-ENGLISH
ENGLISH-SHONA
(ChiShona)

DICTIONARY AND PHRASEBOOK

Aquilina Mawadza

HIPPOCRENE BOOKS, INC.
New York

ISBN 0-7818-0813-8

For information, contact:
HIPPOCRENE BOOKS, INC.
171 Madison Avenue
New York, NY 10016

Printed in the United States of America.

CONTENTS

INTRODUCTION	7
ABBREVIATIONS	8
THE SHONA ALPHABET (ChiShona)	9
PRONUNCIATION GUIDE	10
A BASIC GRAMMAR	12
SHONA-ENGLISH DICTIONARY (ChiShona)	25
ENGLISH-SHONA DICTIONARY (ChiShona)	65
SHONA PHRASEBOOK (ChiShona)	111
REFERENCES	173
MAP	174

INTRODUCTION

Shona is the national language of Zimbabwe together with Ndebele. It is the mother tongue of 80% of Zimbabwe's population of about twelve million. Ndebele is spoken by about 20% of the population, principally in the southwest of Zimbabwe (Doke, 1931,4). Shona is the ensemble of all the Shona dialects, namely Zezuru, Karanga, Manyika, KoreKore and Ndau. These dialects provide ethnic identity.

Beach (1994, 23) notes that the Shona language is a member of the great Niger-Congo language family which extends from the west of Africa in the Senegal Valley to the Kenyan coast and south to Namibia and the eastern Cape in Southern Africa. The Bantu branch is dominant over most of Africa south of the equator and is composed of languages that have been recognized since the 16th century as being remarkably similar. As such, linguists are certain that Bantu languages spread out from a common region within the last three or four millennia.

In historical terms, the Shona speaking area has remained remarkably homogeneous. The only significant non-Shona languages spoken within the main Shona area are Ndebele, dating from 1838 and English, dating from 1890.

The first classification of Shona was conducted with the advice of Professor Clement Doke, a Bantu linguist in 1931. Doke estimated that the dialects of Shona shared from 80% to 90% of their vocabulary. Doke recommended basing standard Shona on two dialects, that is Zezuru and Karanga.

ABBREVIATIONS

adj.   adjective
n.   noun
v.   verb
L   Low Tone
H   High Tone
LIT: Literally
sg.   singular
pl.   plural

THE SHONA ALPHABET
(ChiShona)

Shona Letter	Shona Name of Letter
a	[a]
b	[ba]
bh	[bha]
ch	[cha]
d	[da]
dh	[dha]
e	[e]
f	[fa]
g	[ga]
h	[ha]
i	[i]
j	[ja]
k	[ka]
m	[ma]
n	[na]
nh	[nha]
o	[o]
p	[pa]
r	[ra]
s	[sa]
sh	[sha]
t	[ta]
u	[u]
v	[va]
vh	[vha]
w	[wa]
y	[ya]
z	[za]
zh	[zha]

PRONUNCIATION GUIDE

Shona Letter	Shona Example	Approximate English Equivalent
a	**amai** mother, Mrs.	account
b	**baba** father	-
bh	**bhazi** bus	butter
ch	**chenji** change	change
d	**dada** be proud	-
dh	**dhadha** duck	doll
e	**enda** go	edit
f	**famba** walk	food
g	**gara** sit, stay, live	gum
h	**hongu** yes	horse
i	**inwa** drink	ink
j	**jamu** jam	jug
k	**kora** collar	collar
m	**mira** stop	meat
n	**nama** seal	neat
nh	**nhau** news	-
o	**ona** see	orange
p	**pasi** floor, ground	pack
r	**rara** sleep	-
s	**sarudza** choose	sit
sh	**shanda** work	shoe
t	**taura** speak	tone
u	**uya** come	ululate
v	**vakadzi** women	-
vh	**vhara** close	valentine
w	**iwe** you	we
y	**yadhi** yard	yard
z	**zai** egg	zip
zh	**zhizha** summer	pleasure

VOWELS

There are five vowels in Shona:

Shona Vowel	Shona Example		Approximate English Equivalent
a	amai	(mother)	abroad
e	enda	(go)	egg
i	imba	(house)	important
o	ona	(see)	orange
u	uya	(come)	rule

Shona vowels are relatively easy to pronounce. You pronounce them the way you see them.

SYLLABLES

Some Shona syllables are difficult to pronounce. These are syllables that represent those sounds that are not found in English.

Examples

bv	**kubva**	to come from
bw	**Zimbabwe**	Zimbabwe
dy	**kudya**	to eat
mv	**mvura**	water
mw	**mwana**	child
nw	**kunwa**	to drink
ny	**nyora**	write
sv	**svika**	arrive
ty	**tyora**	break
zv	**zvino**	now
zw	**izwi**	word, voice

A BASIC GRAMMAR

Shona has been written in an official script since 1931. When the Shona orthography was compiled, the International Phonetic Alphabet (IPA) was used. Standard Shona spelling was introduced in 1955 using twenty-three of the roman letters, excluding **l**, **q**, and **x**, as well as consonant clusters to represent sounds not found in English.

PRONOUNS

	Singular	Plural
1st person	**Ini** I	**Isu** We
2nd person	**Iwe** You	**Imi** You
3rd person	**Iye** He/She	**Ivo** They

WORD ORDER

The structure of the Shona sentence is relatively simple. Word order is quite flexible and the verb is usually at the beginning of the sentence after the pronoun. Thus:

Ndakadya chingwa nezuro
I ate bread yesterday

It is important to note that Shona words are built from smaller units. For example, **ndakadya** 'I ate' is made up of the following constituents:

nda-	I (subject)
-ka-	(past tense marker)
-dy-	eat (verb)
-a	(final vowel)

TONE

'Shona is described as a tonal language. Variations of tone provide variations of meaning as they do in Chinese and very many Bantu languages' (Dale, 1968, 258). The following are examples:

guru huge   (High tone)
guru third stomach of ruminant   (Low tone)
(Note: cud-chewing animals, like cows.)

NOUN CLASSES

Shona is a highly agglutinating language with twenty-one noun classes. The noun class system with its specific prefixes determines prefixal agreement (See Table 1). Agreements are prefixes that are placed in front of the word describing the noun.

Noun Class Markers

Class	Prefix
1	mu–
2	va–
3	mu–
4	mi–
5	[ri-]
6	ma–
7	chi–
8	zvi–
9	[i-]
10	[dz-]
11	ru–
12	ka–
13	tu–

14	u-
15	ku-
16	pa-
17	ku-
18	mu-
19	svi-
20	—
21	zi-

The symbol [ ] illustrates the fact that the noun classes 5, 9, and 10 do not have an overt prefix. The prefix only surfaces in agreement.

TABLE 1: CONCORDIAL AGREEMENT PREFIXES[1]

Pronoun/Class	Noun Prefix	Subject Prefix- Present and Future	Subject Prefix- Past and Immediate Future	Adjective Prefix	Demonstrative Prefix	Possessive Prefix	Quantitative Prefix	Object Prefix
Ini (I)	-	ndi-	nda-	-	-	-	nd-	-ndi-
Iwe (You, sg)	-	u-	wa-	-	-	-	w-	-ku-
Iye (He/ She)	-	a-	a-	-	-	-	-	-mu-
Isu (We)	-	ti-	ta-	-	-	-	t-	-ti-
Imi (You, pl)	-	mu-	ma-	-	-	-	m-	-ku-
Ivo (They)	-	va-	va-	va-	-	-	v-	-va-
1	mu-	a-	a-	mu-	uyu/o	wa-	w-	-mu-
2	va-	va-	va-	va-	ava/o	va-	v-	-va-
3	mu-	u-	wa-	mu-	uyu/o	wa-	w-	-u-
4	mi-	i-	ya-	mi-	iyi/o	ya-	y-	-i-
5	ri-	ri-	ra-	-	iri/o	ra-	r-	-ri-
6	ma-	a-	a-	ma-	aya/o	a-	-	-a-
7	chi-	chi-	cha-	chi-	ichi/o	cha-	ch-	-chi-
8	zvi-	zvi-	zva-	zvi-	izvi/o	zva-	zv-	-zvi-
9	i-	i-	ya-	-	iyi/o	ya-	y-	-i-
10	dzi-	dzi-	dza-	-	idzi/o	dza-	dz-	-dzi-
11	ru-	ru-	rwa-	ru-	urwu/o	rwa-	rw-	-ru-
12	ka-	ka-	ka-	ka-	aka/o	ka-	k-	-ka-
13	tu-	tu-	twa-	tu-	utwu/o	twa-	tw-	-tu-
14	u-	hu-	hwa-	hu-	uhwu/o	hwa-	hw-	-hu-
15	ku-	ku	kwa-	ku-	uku/o	kwa-	kw-	-ku-
16	pa-	pa-	pa-	pa-	apa/o	pa-	p-	-pa-
17	ku-	ku-	kwa	ku-	uku/o	kwa-	kw-	-ku-
18	mu-	mu-	ma-	mu-	umu/o	ma-	m-	-mu-
19	svi-	svi-	sva-	svi-	isvi/o	sva-	sv-	-svi-
21	zi-	ri-	ra-	zi-	iri/o	ra-	r-	-ri-

[1]This table was adapted from *Taurai ChiShona* by H. Chimhundu and P. Mashiri (See References).

SINGULAR/PLURAL NOUNS

In Shona, plurals are formed by adding or changing the prefix in front of the noun. The prefix used is determined by the class of the noun.

- Nouns for people usually begin with **mu-** in the singular and **va-** in the plural:
  murume man   **va**rume men

- Other nouns starting with **mu-** in the singular change to **mi-** in the plural:
  muti tree   **mi**ti trees

- Nouns beginning with **b, d, g, j** are prefixed with **ma-** in the plural form:
  bhazi bus   **ma**bhazi buses
  gore year   **ma**kore years

  The initial letter may change in the plural form, *e.g.* **g** changed to **k** in the latter example.

- Nouns beginning with **ch-** in the singular start with the prefix **zv-** in the plural:
  chitoro store   **zv**itoro stores

- Nouns beginning with **ka-** in the singular start with the prefix **tu-** in the plural:
  kasikana small girl **tu**sikana small girls

- Some nouns are the same both in singular and plural forms. For example:
  mombe cow   **mombe** cows

  For these nouns, the noun class agreement prefix indicates whether the noun is singular or plural. Thus:
  mombe **i**nodya   the cow eats
  mombe **dzi**nodya   the cows eat

In the dictionary, some words are marked noun (**n.**), verb (**v.**), and adjective (**adj.**). These are words that can function as nouns or verbs or adjectives, *e.g.* **iron n.** aini, **iron v.** -aina.

VERBS

Infinitives

kumuka	to get up
kudya	to eat
kufamba	to walk, travel
kunwa	to drink
kutaura	to speak
kutamba	to dance, play, joke

The Shona verbs cited above are called infinitives. Most verbs have two or more syllables in their stems. One example is **famba** 'walk'. There are a few verb stems however which consist of only one syllable, two of which are mentioned in the above examples: -**dya** and -**nwa** 'eat' and 'drink' respectively.

N.B. The hyphen is used in the dictionary section to indicate that an entry can appear with a prefix. All the Shona verb entries appear with a hyphen at the beginning, thus: **iron v.** -aina.

The hyphen is also used with qualificatives (*e.g.* quantitatives and possessives) because they can appear with a prefix.

Imperatives

Muka!	Wake up! (singular, familiar)
Mukai!	Wake up! (plural, honorific)
Tamba!	Play, dance, joke! (singular, familiar)

Tambai!	Play, dance! (plural, honorific)	
Idya!	Eat! (singular, familiar)	
Idyai!	Eat! (plural, honorific)	

The Shona verbs **muka, tamba, idya** 'wake up, dance, play, eat' are called imperatives. The few verb stems which consist of only one syllable commence with the vowel /i/ in the imperative form, for example, -**dya** and -**nwa** 'eat' and 'drink'.

VERB TENSES

Ndinodya	I eat	**Present Tense**
Ndiri kudya	I am eating	**Present Progressive Tense**
Ndichadya	I will eat	**Simple Future Tense**
Ndava kudya	I am about to eat	**Immediate Future Tense**
Ndadya	I ate	**Recent Past Tense**
Ndakadya	I had eaten	**Remote Past Tense**
Ndaidya	I used to eat	**Progressive Past Tense**

NEGATIVE VERB FORMS

Handidyi	I do not eat	**Negative Present Tense**
Handisi kudya	I am not eating	**Negative Present Progressive Tense**
Handichadya	I will not eat	**Negative Simple Future Tense**
Handisati ndava kudya	I am not about to eat	**Negative Immediate Future Tense**
Handina kudya	I did not eat	**Negative Recent Past Tense**

| Handina kudya | I did not eat | **Negative Remote Past Tense** |
| Handaidya | I used not to eat | **Progressive Past Tense** |

THE VERB 'TO HAVE'

The verb 'to have' is marked by the stem -**ne**.

Ndine	I have
Une	You have (singular)
Ane	He/She has
Tine	We have
Mune	You have (plural)
Vane	They have
Ndine makore gumi.	I am ten years old. (LIT: I have ten years.)
Ane mabhuku maviri.	He/She has two books.

VERBAL EXTENSIONS

Shona has a wide range of extensions which modify the verb to embrace an impressive variety of related yet different meanings (Dale, 1968, 155). The following are illustrations:

Bhuku ratorwa nemudzidzisi.
The book was taken by the teacher.

Chingwa chadyiwa nababa.
The bread was eaten by father.

The stems **torwa** and **dyiwa**, 'to be taken' and 'to be eaten' are related to the stems -**tor**- and -**dy**- 'take' and 'eat'. The fragment **w** is the passive extension, thus **tora** is 'take' and **torwa** is 'to be taken'. Another form of the passive extension -iw- and -ew- appears with such roots as -dy- 'eat', as in **dyiwa** 'be eaten'. The -iw- form is used when the preceding vowel is **i**, **u**, or **a**. The -ew- form is used when the preceding vowel is **e** or **o**.

Amai vabikira mwana.
Mother cooked for the child.

Amai vatengera mwana hembe.
Mother bought a dress for the child.

The stem **bikira** consists of **bika** 'cook' and the applied extension, which here has the form -ir-. The English translation of this verbal extension is 'for'. Like in the passive extension above, the -ir- form occurs with the preceding vowels **i**, **u**, or **a** and the -er- form occurs with the preceding vowels **e** or **o**, as in **tengera** 'buy for' above.

Anotengesa mabhuku.
He sells books.

Anodzidzisa kuUniversity.
He teaches at the university.

The stems **tengesa** and **dzidzisa** 'buy' and 'learn' are related to the stems **tenga** and **dzidza** 'buy' and 'learn'. The fragments -is- and -es- are the causative extensions, thus **tenga** is 'buy' and **tengesa** 'cause to buy-sell', **dzidza** 'learn' and **dzidzisa** 'cause to learn-teach'. The -is- form is used when the preceding vowel is **i**, **u**, or **a**. The -es- form is used when the preceding vowel is **e** or **o**, as is illustrated above.

One very common relationship between nouns and verbs in Shona is illustrated in:

dzidza	learn
mudzidzi	student
mudzidzisi	teacher
vadzidzi	students
vadzidzisi	teachers

DEMONSTRATIVES

The demonstratives that go with the various classes of nouns are:

	this	that
mwana (1) child	uyu	uyo
banga (5) knife	iri	iro
chingwa (7) bread	ichi	icho
nyika (9) country	iyi	iyo

Mwana uyu muAmerikeni.
This child is an American.

Mwana uyo muAmerikeni.
That child is an American.

Be sure that the demonstratives agree with the nouns (See Table 1).

ADJECTIVES

Adjectives in Shona come after the noun, for example:

chena white	-	**mota chena** white car
tsvuku red	-	**hembe tsvuku** red dress

Common adjectives are:

-diki/-duku	small
-refu	tall

-pfupi	short
-zhinji	many
-tema	black
-shoma	little, few
-tete	thin, slim

POSSESSIVES

The possessives are:

	Singular	Plural
1st person	-angu my	-edu our
2nd person	-ako your	-enyu your
3rd person	-ake his/hers	-avo their

Chigaro changu	I	My chair
Chigaro chako	You (singular)	Your chair
Chigaro chake	He/She	His/Her chair
Chigaro chedu	We	Our chair
Chigaro chenyu	You (plural)	Your chair
Chigaro chavo	They	Their chair

The prefix ch- is the subject marker which is in agreement with the noun **chigaro** 'chair' (noun class 7).

QUANTITATIVES

The quantitatives are: -**oga** 'alone', -**ose** 'all', -**mwe** 'one, certain, some, others, same', -**ngani** 'how many, how much?'

ndega	I alone
wega	You alone (singular)
ega	He/She alone
tega	We alone
mega	You alone (plural)

vega	They alone
tose	All of us
vose	All of them
Mwana mumwe	One child
Vamwe	Others
Vana vangani?	How many children?

The va in the last example is the subject marker which is in agreement with the noun **vana** 'children'.

LOCATIVES

There are three locative stems in Shona: **pa-** 'on, at', **ku-** 'to, from', and **mu-** 'in'. **Mu-** fully corresponds with the English 'in' and has to do with location within something.

Bhuku riri patebhuru.	The book is on the table.
Ndiri kuenda kuchikoro.	I am going to school.
Bhuku riri mumba.	The book is in the house.

OBJECT PREFIX

Bhazi rinonditakura.	The bus carries me.
Bhazi rinokutakura.	The bus carries you. (singular)
Bhazi rinomutakura.	The bus carries him/her.
Bhazi rinotitakura.	The bus carries us.
Bhazi rinokutakurai.	The bus carries you. (plural)
Bhazi rinovatakura.	The bus carries them.

The word **rinonditakura** 'carries me' is built on the verb stem -**takura** 'carry'. The prefix ri- is the subject marker which is in agreement with the noun **bhazi** 'bus' (class 5), and -**no**- is the present tense marker. The underlined prefixes are the object prefixes and they represent the person, number, and class of the object of the verb.

SHONA-ENGLISH DICTIONARY
(ChiShona)

A

adhiresi n. address
-aina v. to iron
aini n. iron
aisi ice
aiwa no
aizikirimu ice cream
akaundi n. account
akaunzi accounts
amai mother
amaiguru older maternal mother; older sister of one's wife
amainini younger maternal mother; younger sister of one's wife
amburenzi ambulance
amburera umbrella
ambuya grandmother (LHL)
ambuya mother-in-law (HLL)
ani who
apa here
apirikoti apricot
apo there
-apuraya apply
apuro apple
arufabheti alphabet
asi but
asima asthma
awa hour

B

-ba steal

baba father

babamudiki younger paternal uncle; younger brother of one's husband

babamukuru elder paternal uncle; elder brother of one's husband

badza n. hoe

bako cave

banga knife

bango pole

-banha kick

bapiro wing

bapu lung

bara bullet

barika polygamy

basa n. job; profession; labor; employment; work

-bata hold; capture; catch; touch

-batanidza combine; join; unite

-batsira v. help; assist

-baya stab

bazi branch

bendekete shoulder

benzi idiot

bere hyena

-bereka bear; carry on one's back

bhachi jacket; coat

-bhadhara v. pay

Bhaibheri Bible

bhambu n. bomb

bhanan'ana thunder

bhanana banana
bhande belt
bhandiji bandage
bhanga n. bank
bhanzi bun
bhasiketi basket
bhasikoro bicycle
bhata n. butter
bhatani n. button
bhatiri battery
bhavhadheyi birthday
bhawa beer hall
bhazi bus
bhegi bag
-bheka bake
bhekari bakery
-bhenda bend
bhenji bench
bhini bin
bhinzi beans
bhiri n. bill
bhiridha builder
bhiriji n. bridge
Bhishopu Bishop
bhisikiti biscuit
bhiza horse
bhizimisi business
bhodhoro n. bottle
bhokisi box
bhoneti bonnet
bhora ball
-bhowa v. bore

bhucha slaughterhouse
bhuku n. book
bhurakufesi breakfast
bhurasho n. brush
bhurauzi blouse
bhurukwa trousers
-bhururuka v. fly
bhuruu blue
bhutu trunk
-bika v. cook
-boira blink
bopoto uproar
bota porridge
-budirira develop; succeed
buri hole
buruka descend
-bvarura tear
-bvira burn
-bvuma admit
-bvunza ask; inquire
bvunzo exam

C

chamhembe south
chando n. cold
chanzi n. chance
chechi church
-cheka cut
cheki check
-chema cry; mourn

-chembera be old
chena adj. white
-chena be clean
-chengeta keep
-chengetedza save
cheni chain
-chenjera be cautious; be clever
chenji n. change
-chera dig; scoop
cheri cherry
chibage maize
chibereko uterus
chibhakera fist
chibvumirano agreement
chidhakwa alcoholic
chidhinha brick
chidzidzo lesson; subject
chigaro n. chair; seat
chigero scissors
chigunwe thumb; finger; toe
chihwitsi sweet
chii what
chiito verb
chikafu food
chikamu chapter
chikepe n. boat
chikero scale
chikomo hill
chikonzero reason; cause
chikopokopo helicopter
chikoro school
chikosoro n. cough

Chikumi June
Chikunguru July
chikwama wallet
chikwangwani sign
chikwata **n.** group
chikwereti credit; debt; loan
chimbini chimney
chimumumu dumb
chimuti **n.** stick
China Thursday
chingwa bread
chinhu thing
chiningoningo wrist
-chinja exchange
chinwiwa beverage; drink
chinyoreso pen
-chipa be cheap
chipatara hospital
chipembere rhino
Chipiri Tuesday
chipo gift; present
chipoko ghost
chipunu spoon
chirebvu chin
chirema **n.** cripple
chiremba doctor
chiremba wemazino dentist
chiremera dignity
chirimwa **n.** plant; crop
chiringiriro mirror
chironda **n.** wound
chiropa liver
Chirungu English

chirwere disease
Chishanu Friday
chisikwa creature
chitadzo sin
chitaka liver
chitambi n. stamp (postage)
Chitatu Wednesday
chiteshi n. station
chitima n. train
chitoro n. store; shop
chitsidzirano promise
chitsuwa island
chiuno waist
chiuru thousand
Chivabvu May
chizi cheese
chiziviso announcement; notice
choko chalk
chokoreti chocolate
chokwadi truth

D

-da v. love; want; like
-dada be proud
dafi frog
-daidza v. call
-daidzira shout
dama cheek
dambudziko problem
danda pole
dandemutande spider

dangwe firstborn child
danho level
dare bell (HH)
dare court (LL)
dema black
-demba regret
demo n. axe
dendere nest
denderedzwa n. circle
denga n. roof; sky; heaven
-derera decrease
dhadha duck
dhairekita n. director
-dhakwa be drunk
dhamu dam
dhandurumu dining room
dhayari diary
dhazeni dozen
dheri dairy
dhesiki desk
dheti date
dhigirii degree
dhimoni demon
dhipoziti n. deposit
dhishi dish
dhiyabhori devil
dhizeti dessert
dhiziri diesel
dhomitori dormitory
dhongi donkey
-dhonza pull
dhora dollar
dhorobha town

-**dhumhana** collide
-**dhura** be expensive
-**dira** pour
-**diridza** irrigate
divi side
domasi tomato
dombo n. stone; rock
dongo clay
-**donha v.** fall; collapse
-**donhedza v.** drop
donhwe n. drop
doro beer
dota ash
dova dew
duku small; young
dumbu n. stomach; belly
dunhu region
duramazwi dictionary
-**dya** eat
-**dyara** plant; sow
dzamara until
-**dzidza** learn
-**dzidzisa** teach
dzidzo education
-**dzikama** be calm
dzimudzangara radio
-**dzimura** extinguish
-**dzingaidza** disturb; interrupt
dzinza clan
-**dzivirira** defend; protect; prevent
-**dziya** be warm
-**dzoka v.** return
-**dzvanyirira** exploit

E

-edha add
-edza attempt; try
ehe yes
eka acre
ekisi reyi X-ray
emvuropu envelope
-enda go
-enderera mberi continue
-enzana be equal
epuroni apron
-era measure
eshi tireyi ashtray

F

-fa die
fafitera window
faira n. file
-famba v. walk; travel; move
-fara be happy
fashoni n. fashion
fekitari factory
-fema breathe
-fenda faint
fenicha furniture
fenzi n. fence
fetiraiza fertilizer
-feya investigate
-fidha v. feed
firiji refrigerator
firimu n. film

fivha fever
fizi fees
fodya tobacco
fomu form
forogo n. fork
fotokopiya n. photocopier
fufura butterfly
-fugidza cover
-funga think
-fura graze
furati flat (apartment)
furawa flour
furo foam

G

gaba n. tin
gadheni garden
gadhi n. guard
-gadzira v. make; repair
-gadzirira prepare
-gadzirisa correct
gaka cucumber
gakava n. dispute; debate
-gamhina limp
-gara stay; live; sit
garaji garage
garo buttock
garoni gallon
garwe crocodile
-gasa cease
-gaya digest; grind

gedhi gate
gemu game
gen'a gang
-geza bathe; wash
girazi glass
giredhi n. grade
girepi grape
girini green
girosa grocery store
girovhisi glove
gitare guitar
giya n. gear
-gogodza knock
gokora elbow
gomba pit
gomo mountain
gonhi door
gonye caterpillar; worm
gonzo rat
gore year; cloud
goridhe gold
gorufu golf
-gova divide; share
gudo baboon
gukuravhu erosion
-gumbata embrace
gumbeze blanket
gumbo leg
-gumbura annoy; disappoint
gumi ten
gungano congregation
gungwa lake; sea
Gunyana September

guru big
gurukota government minister
guruu glue
guruva n. dust
guta city
guta guru capital city
guva n. grave
gwanza gap
gwirikwiti measles

H

hafu half
hama relative
hanganwa forgetfulness
hanya concern
hanyanisi onion
hanzvadzi sibling
hapwa armpit
hasha anger; fury
hendibhegi handbag
hengechefu handkerchief
herikoputa/chikopokopo helicopter
heti hat
hohwa mushroom
homwe n. pocket
hondo war
hongu yes
hositeri hostel
hotera hotel
hove n. fish
hovhoni oven

huchi honey
huku chicken; fowl
-**hukura** bark
huma forehead
huni firewood
hure prostitute
huro throat
hurumende government
hwahwa beer
-**hwanda** hide
hwayana lamb
hwayi sheep
hweta waiter

I

ibvi knee
idzva new
igo wasp
imba house (HL)
-**imba** sing (H)
imbwa dog
ina four
indavhiu n. interview
ingi ink
inivhoisi n. invoice
injini engine
injiniya engineer
-**ipa** be bad, ugly
-**isa** put
ishe chief
Isita Easter

-ita do
itsvo kidney
ivhu soil; land
iwe you (sg.)
izwi word; voice

J

jagi jug
jana duty
jecha sand
jee n. joke
jemu jam
jemusi germ
jeri jail
jira cloth; fabric
jongwe cock
juzi jersey

K

kabheji cabbage
kadhi card
-kakavadzana v. quarrel
-kama v. comb
kamba n. police camp (HL)
kamba tortoise (HH)
-kambaira crawl
kambani n. company
kamera camera
kamu n. comb

kamwe once
-kanda throw
-kanga fry
-kanganisa be wrong
-kanganwa forget
-kanzura cancel
kanzuru council
kapeti carpet
kapu cup
kapuka insect
karenda calendar
kari curry
karoti carrot
karukureta calculator
katsi cat
keke cake
kemisiti pharmacist
kenduru candle
keni can
kepi n. cap
keputeni captain
keshiya cashier
keteni curtain
ketero kettle
kicheni kitchen
kirasi n. class
kireshi nursery
kiriketi cricket
kirimu n. cream
kiriniki clinic
-kisa v. kiss
-kiya v. lock
kiyi key

-kiyinura unlock
kofi coffee
kofini coffin
-kohwa v. harvest; reap
koini n. coin
-koka invite
koko cocoa
kokonati coconut
koma comma
-komborera bless
kombuta computer
komiti committee
kona corner
-konzera cause
kopa copper
-kopa v. copy
koparetivhi n. cooperative
kora collar
koreji college
koridho corridor
-korokotedza congratulate
koroni wheat
kotoni cotton
-kotsira be asleep
Kristu Christ
kudya kwemanheru dinner
kudya kwemasikati lunch
kudya food
-kudza respect
Kukadzi February
-kunda conquer; defeat; win
-kuora kwezuva eclipse
kupi where

kure far
-**kurudzira** urge; encourage
Kurume n. March
-**kurumidza** be quick; fast
kusheni n. cushion
kutya fright
-**kuvadza** damage; injure; hurt; harm
kwaya choir
-**kwazisa** greet
kwete no
-**kwezva** attract
-**kwikwidza** compete
-**kwira** ascend; climb

M

mabhizimisi commerce
mabiko n. feast
mabudazuva sunrise
mabvazuva east
madeukazuva sunset
madokero west
madziro n. wall
mafuta n. oil; fuel; fat
magazini magazine
magetsi electricity
magumo n. end
Mai Mrs., mother
majarini margarine
makakatanwa argument
makanika mechanic
makore zana century

makuhwa n. gossip
makwene dandruff
makwikwi competition
mambakwedza dawn
mambo king
mambokadzi queen
mambure n. net
mamiriro ekunze weather
maneja manager
manera ladder
mangwana tomorrow
mangwanani morning; Good morning!
manheru evening; Good evening!
-**manikidza** compel
manyoka diarrhea
maodzanyemba north
mapatya twins
mapfunde sorghum
marara garbage
marariya malaria
marasha coal; charcoal
mari n. cash; money
mariro funeral
marwadzo pain
mashambanzou dawn
mate saliva
matiresi mattress
matsi deaf
mauto army
mavambo beginning
mazino teeth
mbabvu rib
mbatatisi potatoes

mbatya clothes
mbavha thief
mberi ahead
mbeu seed
mbeva mouse; mice
mbishi raw
mbizi zebra
mbudzi goat
Mbudzi November
medhari medal
-**menya** peel
mepu n. map
-**mera** germinate
meya mayor
mhandu enemy
-**mhanya v.** run; jog
mhararano junction
mhenyu alive
mhepo wind
mhete earring
mheterwa n. whistle
mhiko oath
mhinduro n. answer
mhiripiri chili
mhofu eland; African antelope
mhowani ostrich
mhuka animal
mhuno nose
mhuri family
mhuru calf
mhute fog
mineti n. minute
-**mira** stop; wait; stand

mita meter
mombe cattle; cow
mondo yolk
moto n. fire
motokari car
motsi first
mubato n. handle
mubatsiri assistant
mubatwi subject
mubayiro prize; reward
mubereki parent
mubhedha bed
mubiki n. cook
mubvakure foreigner
mubvunzo n. question; inquiry
muchato wedding; marriage
muchero fruit
mucheto border; edge
muchina n. machine
muchina wekugeza mbatya washing machine
mudiwa beloved
mudungwe queue; line
mudzanga cigarette
mudzi root
mudzidzi student
mudzidzisi teacher
mudziyo utensil
muenzaniso example; justice
muenzi/mueni visitor
mufambidzani companion
mufananidzo n. picture; photograph
mufirwi n. bereaved
mufundisi priest

mugadziri weshangu cobbler
muganho boundary
mugodhi n. mine
mugomo bucket
Mugovera Saturday
muimbi singer
mujaho n. race
-muka get up
mukadzi woman; wife; lady
mukaka n. milk
mukati inside
mukoma brother
mukomana boy
mukoti nurse
muKristu Christian
mukuru elder
mukurumbira fame
mukuwasha son-in-law
mukwende luggage
mumhanzi music
mumvuri n. shade
munamato prayer
munda field
munhenga feather
munhu person; human
munhukadzi female
munhurume male
munin'ina younger brother; younger sister
munyepfu n. flesh
munyepi liar
munyu salt
mupanda room
mupemhi beggar

mupepeti editor
mupunga rice
mupurisa policeman
muranda slave
murayiridzi coach; teacher
murayiro n. command
mureza flag
muridzi owner
murimi farmer
muripo n. fine
muriwo vegetable
muromo n. mouth; lip
muroora daughter-in-law
murume man; husband
murwere patient
murwi soldier; fighter
musana back
musangano meeting
musha home; village
mushandi worker
mushanyi tourist
mushonga medicine
musika n. market
musikana anoshanda mumba maid
musikana girl
musodzi n. tear
musoro n. head
musungwa prisoner
musuwo entrance
muswe tail
mutambo diaper
mutauro language
muteeri follower

mutengo price
mutero tax
muti tree
muto soup
mutongi n. judge
mutongo judgement
mutoo method
mutsa n. favor (LH)
-mutsa v. wake (L)
mutsipa neck
mutumwa messenger
mutungamiri wenyika president
mutyairi driver
mutyairi wendege pilot
muvaki builder
muvakidzani neighbor
muvezi carpenter
Muvhuro Monday
muviri body
muzivikanwi acquaintance
muzukuru grandchild; nephew
mvere fur
mvura rain; water
mwaka n. season
mwana child; baby; kid
mwanakomana son
mwanasikana daughter
-mwe adj. another
mwedzi month; moon
mwenga bride
mwenje n. light
mweya n. breath; smell
mwoyo heart

N

nachisi naartjie (a fruit, like an orange)
-namata worship
-namatira v. stick
nanazi pineapple
narini forever
ndarama gold
ndebvu beard
ndege airplane
Ndira January
ndizvozvo right; correct
ndoro n. button
nekuti because
-neta be tired
nezuro yesterday
ngano folk tale
ngarava n. ship
ngoma n. drum
nguruve pig
nguva n. time
nguva yechando winter
nhabvu football
nhamba number
nhandare yendege airport
nhanga pumpkin
nhanganyaya preface; introduction
nhanhatu six
nhanho step
nharaunda region
nhasi today
nhau news
nhengo member

nherera orphan
nhetembo poem
nhomba vaccination
-**nhonga** pick
nhoroondo history
nhumbu pregnancy
nhumwa emissary
nhunzi n. fly
njanji railway
njiri warthog
njiva dove
njodzi danger; accident
nomwe seven
-**nonoka** be slow; late
-**nwa** v. drink
nyama meat
nyama yemombe beef
-**nyangarika** disappear
nyangwe although
nyanza lake; sea
nyanzvi expert
-**nyara** be shy
-**nyaradza** console
-**nyarara** be quiet
nyaya story
-**nyemwerera** smile
-**nyengedza** deceive
-**nyepa** lie
-**nyeya** backbite
nyika country
nyoka snake
-**nyora** write
nyore easy

-**nyorova** be wet
nyota thirst
nyuchi bee
-**nyunguduka** dissolve
-**nyunyuta** complain
nyunyuto complaint
nzara fingernail (HT)
nzara hunger; famine; drought (LT)
nzeve ear
nzira road; street; path; way
nzou elephant
nzungu peanut; nut
nzvimbo n. place
-**nzwa** hear; feel; understand

O

-**oma** be dry; difficult; hard
-**ona** see; watch
-**oneka** visible
onekedzo farewell
-**ora v.** decay
ovhataimi overtime

P

-**pa** give; donate
padyo near
pai pie
paipi n. pipe
paka v. park

paketi packet
paki n. park
pamwe perhaps
pani pan
panikeki pancake
-paradza destroy
paramende parliament
-parara disperse
-paridza broadcast; preach
pasi n. ground; floor; earth
pasi rose world
pasipoti passport
pasuru n. parcel
pati n. party
pawudha powder
-pedza finish; accomplish; complete
peji page
-pemha beg
-penda v. paint
pendi n. paint
-penga be mad
peni penny
penzura pencil
pepa paper
pepanhau newspaper
-perekedza accompany
-pesana disagree
-peta fold
peturu petrol
peya pair
-pfapfaidza v. spray
-pfeka wear
-pfugama kneel

pfumbamwe nine
-pfumo n. spear
pfungwa thought
pfupa bone
-pfura shoot
-pfuta blaze
pfuti gun
-pfuura v. pass
-pi which
pichisi peach
pikicha n. picture
-pina v. pin
-pinda enter; come in
-pindura v. reply; answer
pini n. pin
-pinza insert
piri two
piritsi pill
piro pillow
-pisa be hot
pisi n. piece
pito n. whistle
piyano piano
-pofomara be blind
-pokana contradict
pombi n. tap; pump
-ponda murder
popukoni popcorn
-pora heal
porofiti profit
poshi one
poto pot
-pupura confess

purani n. plan
purazi n. farm
pureti plate
-**purinda** print
-**pururudza** ululate; howl
-**pusa** be foolish
-**pwanya** crush

R

raini n. line
-**ramba** refuse; deny
-**rambana** v. divorce
rambi lamp
-**rambidza** forbid
-**rangarira** remember
ranjisi n. orange
-**rapa** v. cure
-**rara** v. sleep
-**rasa** throw away; lose
-**ratidza** v. show; indicate
-**raura** v. fish
-**rayira** advise
-**regerera** forgive
rekodhi n. record
remani lemon
-**remara** be deformed
-**renda** v. rent
rendi n. rent
renikoti raincoat
-**rera** baby-sit
retisi lettuce

rezenesi license
ribhoni ribbon
rifiti n. lift
rima n. darkness (HL)
-rima v. cultivate; plough (L)
rimi flame
rinda grave
ringi ring
rinhi when
ripisitiki lipstick
risiti receipt
rivhi leave
robhoti robot
roko n. lock
rokwe n. dress
-ronga arrange; plan
roora dowry
-roora marry
ropa blood
rori truck
-rota v. dream
rotari lottery
-rova v. hit; strike
ruboshwe left
ruchiva jealous
rudo n. love
rufaro happiness; joy
rufu death
rufuramhembwe dusk
rugare peace
-ruka knit
rukova river
-ruma bite

-**rumbidza** v. praise; glorify
runako beauty
rungano fable
runhare n. telephone
runyararo silence
ruoko n. hand; arm
ruomba cream
ruregerero forgiveness
rurimi tongue
rutendo faith
-**rutsa** vomit
ruva flower
ruvara n. color
ruvengo hatred
ruzha noise
-**rwa** v. fight
-**rwara** be ill; sick
rwendo journey
rwiyo song

S

sachigaro chairperson
saga n. sack
sainzi science
samende n. cement
-**sangana** meet
-**sanganisa** mix
sango forest; bush
-**sarudza** choose
sauti salt
-**se** adj. all
sei how

-**seka** v. laugh
sekiritari secretary
sekuru grandfather; uncle
sendi cent
senduro sandal
sere eight
sero n. sale
setifiketi certificate
-**shama nyai** v. yawn
-**shamisa** amaze; astonish
shamwari friend
-**shandisa** v. use
shangu footwear; shoe
shanu five
-**shanya** v. visit
shasha champion
-**shata** be ugly
shati shirt
-**shatirwa** be angry
shinda thread
-**shinga** be brave
shiri bird
shizha leaf
shoko message (LL)
shoko/soko monkey (LH)
shoma little; few
-**shongedza** decorate
-**shora** v. blame
shuga sugar
shumba lion
shure behind
siketi skirt
simba power; authority; force

-**simuka** stand up; depart; leave
sipinachi spinach
sipo soap
siraha slaughterhouse
sirieri cereal
sitatimendi statement
sitichi n. stitch
-**siya** abandon
-**siyana** differ
-**sona** sew
soseji sausage
-**suka v.** wash
-**suma** introduce
-**sunda** push
-**sunga** arrest; tie; bind
-**sunungura** untie
supamaketi supermarket
sutukesi suitcase
-**svetuka v.** jump
sviba adj. be dirty
-**sviba v.** be dark
-**svika** arrive
-**svipa** spit
Svondo Sunday; week
svosve ant

T

-**tadza** fail
-**tadzira** offend
tafura n. table
-**takura** carry

-**tama** migrate
-**tamba** v. dance; play
tambo rope
-**tambudzika** suffer
-**tandadza** entertain
-**tanga** begin; start
tangi tank
tara tar
tarakita tractor
tariro hope
-**tarisa** look; watch
-**tarisira** expect
tatu three
-**taura** speak; converse; talk
tawuru towel
tayi n. tire
tayira n. tile
-**teera** follow
-**teerera** listen; obey
tekisi taxi
-**tema** chop
temberi temple
teminasi terminus
temu term
-**tenda** be grateful; believe
tende tent
-**tendera** v. permit
-**tenga** buy
-**tengesa** betray
-**tengesa** sell
tenisi tennis
tera tailor
testamende testament

tete aunt
tete adj. thin
-tevedzera imitate
tezvara father-in-law
-ti say
tii tea
tiipoti teapot
tiivhii television
tikiti n. ticket
tireyi tray
-tiza escape
tochi n. torch
-tonga govern; rule
-tora take; get; fetch
tositi n. toast
toti tot
toyi toy
tsamba letter
-tsamwa be sad
tsaona accident
tsauka v. turn
-tsenga chew
-tsidzira v. promise
tsika nemagariro culture
tsime n. well
tsinga vein; artery
tsiye eyelash
tsoka n. foot
tsono needle
tsuro hare; rabbit
-tsvaga find; search
-tsvaira sweep
-tsvedza v. slide

tsvigiri sugar
tsvimborume bachelor
tsvina dirt
-tsvoda v. kiss
tsvuku red
-tuhwinha v. swim
-tuma send
-turikira interpret
-turura unload
turusi tools
twiza giraffe
-tya be afraid; fear
-tyaira v. drive
-tyisa intimidate
tyityidzira frighten
-tyora break

U

-udza tell; inform
uipi evil
ukama relationship
umboo evidence
unamati religion
-unganidza gather; collect
ungwaru wisdom
-unza bring
uori corruption
upenyu life
upfumi wealth
ura intestine
-uraya kill

urefu length
uremu weight
ushamwari friendship
usiku night
uso n. face
uswa grass
utachiona bacteria; virus
utano health
utsi n. smoke
utsinye cruelty
-uya come

V

-vaka build
vakadzi women
vana children
vanhu people
varume men
-vava be bitter
-venga hate
-verenga v. count; read
-vhaira brag
-vhara close; shut
vhesiti vest
-vhima v. hunt
vhiniga vinegar
vhiri tire; wheel
vhitamini vitamin
-vhota v. vote
vhudzi hair
vhuka vhuka aphrodisiac

-**vhura** open
-**viga** bury; conceal
-**vira** boil

W

wachi n. watch
waini wine
-**wana** acquire; obtain
waya n. wire
-**wedzera** increase
weti urine

Y

yadi yard
yero yellow
yogati yogurt
yunifomu n. uniform
yunivhesiti university

Z

-**zadza** fill
-**zadzikisa** fulfil
zai egg
zamanishoni examination; test
zamu breast
zana one hundred
zano idea

-**zara** be full
-**zevezera** v. whisper
zevezeve n. whisper
-**zhamba** yell
zhinji many
zino tooth
zipi zip
ziro zero
ziso eye
ziso regumbo ankle
zita n. name
-**ziva** know
-**zivisa** announce
zizi owl
-**zorora** v. rest
zororo vacation; holiday
zumbu fowl run
zuva day; sun
zvakanaka adj. good
-**zvarwa** be born
zvino now
Zvita December

ENGLISH-SHONA DICTIONARY
(ChiShona)

A

abandon -siya
able -kwanisa
abound -wanda
accept -bvuma
accident tsaona; njodzi
accompany -perekedza
accomplish -pedza
account n. akaundi
accounts n. akaunzi
acquaintance muzivikanwi
acquire -wana
acre eka
add -edha
address n. adhiresi
admit -bvuma
advise -rayira
afraid -tya
Africa Afurika
agree -bvuma
agreement chibvumirano
ahead mberi
aid rubatsiro
airplane ndege
airport nhandare yendege
alcoholic chidhakwa
alive mhenyu
all adj. -se

alone -ga
alphabet arufabheti
although nyangwe
amaze -shamisa
ambulance amburenzi
and na-
anger n. hasha
angry -shatirwa
animal -mhuka
ankle ziso regumbo
announce -zivisa
announcement chiziviso
annoy -gumbura
another adj. -mwe
answer n. mhinduro
answer v. -pindura
ant svosve
aphrodisiac vhuka vhuka
apple apuro
apply -apuraya
apricot apirikoti
April Kubvumbi
apron epuroni
argue -itirana nharo
argument makakatanwa
arm n. ruoko
armpit hapwa
army mauto
arrange ronga
arrest -sunga
arrive -svika
artery tsinga
ascend -kwira

ash dota
ashamed (be) -nyara
ask -bvunza
asleep (be) -kotsira
assembly gungano
assist -batsira
assistance rubatsiro
assistant mubatsiri
asthma asima
astonish -shamisa
ashtray eshi tireyi
at ku-; kuna; pa-
attempt -edza
attract -kwezva
August Nyamavhuvhu
aunt *(maternal)* mainini; maiguru
aunt *(paternal)* tete
authority simba
avoid -nzvenga
awake -muka
axe demo

B

baboon gudo
baby mwana
baby-sit -rera
bachelor tsvimborume
back musana
backbite -nyeya
bacteria utachiona
bad (be) -ipa

bag bhegi
bake -bheka
bakery bhekari
ball bhora
banana bhanana
bandage n. bhandiji
bank n. bhanga
bark v. -hukura
basket bhasiketi
bathe -geza
battle n. hondo
beans bhinzi
bear -bereka
beard ndebvu
beauty runako
because nekuti
bed mubhedha
bee nyuchi
beef nyama yemombe
beer doro; hwahwa
beer hall bhawa
beg -pemha
beggar mupemhi
begin -tanga
beginning mavambo
behind shure
believe -tenda
bell dare (HH)
belly dumbu
beloved mudiwa
below pasi
belt bhande
bench bhenji

bend -bhenda
bereaved n. mufirwi
betray -tengesa
beverage chinwiwa
Bible Bhaibheri
bicycle bhasikoro
big guru
bill n. bhiri
bin bhini
bind -sunga
bird shiri
birthday bhavhadheyi
biscuit bhisikiti
Bishop Bhishopu
bite -ruma
bitter (be) -vava
black dema
blame -shora
blanket gumbeze
blaze -pfuta
bless -komborera
blind -pofomara
blink -boira
blood ropa
blouse bhurauzi
blue bhuruu
boat chikepe
body muviri
boil -vira
bomb n. bhambu
bone pfupa
bonnet bhoneti
book n. bhuku

border mucheto
bore -bhowa
born (be) -zvarwa
bottle bhodhoro
boundary muganho
box n. bhokisi
boy mukomana
brag -vhaira
branch bazi
brave -shinga
bread chingwa
break v.-tyora
breakfast bhurakufesi
breast zamu
breath mweya
breathe -fema
brick chidhinha
bride mwenga
bridge n. bhiriji
bring -unza
broadcast -shambadza
brother hanzvadzi; mukoma; munin'ina
brush n. bhurasho
bucket mugomo
build -vaka
builder muvaki/bhiridha
bullet bara
bun bhanzi
burn -bvira
bury -viga
bus bhazi
bush sango
business bhizimisi

but asi
butchery bhucha/siraha
butter bhata
butterfly fufura
buttock garo
button n. bhatani/ndoro
buy -tenga

C

cabbage kabheji
cake keke
calculator karukureta
calendar karenda
calf mhuru
call v. -daidza
calm (be) -dzikama
camera kamera
can n. keni
cancel -kanzura
candle kenduru
cap kepi
capital city guta guru
captain keputeni
capture -bata
car motokari
card kadhi
carpenter muvezi
carpet kapeti
carrot karoti
carry -takura
cash n. mari

cashier keshiya
cat katsi
catch -bata
caterpillar gonye
cattle mombe
cause n. chikonzero
cause. v. -konzera
cautious -chenjera
cave bako
cease -gasa
cement n. samende
cent sendi
century makore zana
cereal sirieri
certificate setifiketi
chain n. cheni
chair n. chigaro
chairperson sachigaro
chalk choko
champion n. shasha
chance chanzi
change chenji
chapter chikamu
charcoal marasha
cheap -chipa
check cheki
cheek n. dama
cheese chizi
cherry cheri
chew -tsenga
chicken huku
chief ishe
child mwana

children vana
chili mhiripiri
chimney chimbini
chin chirebvu
chocolate chokoreti
choir kwaya
choose -sarudza
chop -tema
Christ Kristu
Christian muKristu
church chechi
cigarette mudzanga
circle n. denderedzwa
city guta
clan dzinza
clap -ombera
class kirasi
clay dongo
clean v.-chena
clever (be) -chenjera
climb -kwira
clinic kiriniki
clock wachi
close -vhara
cloth jira
clothes mbatya
cloud gore
coach murayiridzi
coal marasha
coat bhachi
cobbler mugadziri weshangu
cock jongwe
cocoa koko

coconut kokonati
coffee kofi
coffin kofini
coin n. koini
cold chando
collapse -donha
collar kora
collect -unganidza
college koreji
collide -dhumhana
color ruvara
comb n. kamu
comb v. -kama
combine -batanidza
come -uya
come in pinda
comma koma
command murayiro
commerce mabhizimisi
committee komiti
companion mufambidzani
company kambani
compel -manikidza
compete -kwikwidza
competition makwikwi
complain -nyunyuta
complaint nyunyuto
complete -pedza
computer kombuta
conceal -viga
concern hanya
confess -pupura
congratulate -korokotedza

congregation gungano

conquer -kunda

console -nyaradza

continue -enderera mberi

contract **n.** chibvumirano

contradict -pokana

converse -taura

cook **n.** mubiki

cook **v.** -bika

cooperative **n.** koparetivhi

copper kopa

copy **v.** -kopa

corner kona

correct **v.** -gadzirisa

corridor koridho

corruption uori

cotton kotoni

cough **n.** chikosoro

council kanzuru

count -verenga

country nyika

court **n.** dare (LT)

cover **v.** -fugidza

cow mombe

crawl -kambaira

cream **n.** ruomba

creature chisikwa

credit chikwereti

cricket kiriketi

cripple **n.** chirema

crocodile garwe

crop chirimwa

cruelty utsinye

crush -pwanya
cry -chema
cucumber gaka
cultivate -rima
culture tsika nemagariro
cup kapu
cure -rapa
curry kari
curtain keteni
cushion n. kusheni
cut -cheka

D

dairy dheiri
dam dhamu
damage -kuvadza
dance -tamba
dandruff makwene
danger njodzi
dark (be) v. -sviba
darkness rima
date dheti
daughter mwanasikana
daughter-in-law muroora
dawn mashambanzou
day zuva
deaf matsi
death rufu
debate n. gakava
debt chikwereti
decay -ora

deceive -nyengedza
December Zvita
decorate -shongedza
decrease -derera
defeat -kunda
defend -dzivirira
deformed (be) -remara
degree dhigirii
demon dhimoni
dentist chiremba wemazino
deny -ramba
depart -simuka
deposit n. dhipoziti
descend -buruka
desk dhesiki
dessert dhizeti
destroy -paradza
develop -budirira
devil dhiyabhori
dew dova
diaper mutambo
diarrhea manyoka
diary dhayari
dictionary duramazwi
die -fa
diesel dhiziri
differ -siyana
difficult (be) -oma
dig -chera
digest -gaya
dignity chiremera
dining room dhandurumu
dinner kudya kwemanheru

director n. dhairekita
dirt tsvina
dirty adj. sviba
disagree -pesana
disappear -nyangarika
disappoint -gumbura
disease chirwere
dish n. dhishi
disperse -parara
dispute n. gakava
dissolve -nyunguduka
divide -gova
divorce v. -rambana
do -ita
doctor n. chiremba
dog imbwa
dollar dhora
donate -pa
donkey dhongi
door gonhi
dormitory dhomitori
dove njiva
down pasi
dowry roora
dozen dhazeni
dream v. -rota
dress n. rokwe
drink n. chinwiwa
drink v. -nwa
drive -tyaira
driver mutyairi
drop n. donhwe
drop v. -donha

drought nzara
drum n. ngoma
drunk -dhakwa
dry (be) -oma
duck dhadha
dumb chimumumu
dusk rufuramhembwe
dust n. guruva
duty jana

E

ear nzeve
earring mhete
earth n. pasi
east mabvazuva
Easter Isita
easy nyore
eat -dya
eclipse -kuora kwezuva
edge mucheto
editor mupepeti
education dzidzo
egg zai
eight sere
eland (African antelope) mhofu
elbow gokora
elder mukuru
electricity magetsi
elephant nzou
embrace -gumbata
emissary nhumwa

employment basa
encourage -kurudzira
end n. magumo
enemy mhandu
engine injini
engineer injiniya
English Chirungu
enter -pinda
entertain -tandadza
entrance musuwo
envelope emvuropu
equal -enzana
erosion gukuravhu
escape -tiza
evening manheru
evidence umboo
evil uipi
examination n. zamanishoni
example muenzaniso
exchange -chinja
expect -tarisira
expensive -dhura
expert nyanzvi
exploit -dzvanyirira
extinguish -dzimura
eye ziso
eyelash tsiye

F

fable rungano
fabric jira

face n. uso
factory fekitari
fail -tadza
faint -fenda
faith rutendo
fall -donha
fame mukurumbira
family mhuri
famine nzara
far kure
farewell onekedzo
farm n. purazi
farmer murimi
fashion fashoni
fast -kurumidza
fat n. mafuta
father baba
father-in-law tezvara
favor n. mutsa
fear -tya
feast mabiko
feather munhenga
February Kukadzi
feed -fidha
feel -nzwa
fees fizi
female munhukadzi
fence n. fenzi
fertilizer fetiraiza
fetch -tora
fever fivha
few shoma
field n. munda

fight n. -rwa
fighter -murwi
file n. faira
fill -zadza
film n. firimu
find -tsvaga
fine n. muripo
finger chigunwe
finish -pedza
fire n. moto
firewood huni
first motsi
firstborn child dangwe
fish n. hove
fish v. -raura
fist chibhakera
five shanu
flag n. mureza
flame rimi
flat (apartment) furati
flesh munyepfu
floor pasi
flour furawa
flower ruva
fly n. -nhunzi
fly v. -bhururuka
foam furo
fog mhute
fold -peta
folk tale ngano
follow -teera
follower muteeri

food kudya; chikafu
foolish -pusa
foot n. tsoka
football nhabvu
footwear shangu
forbid -rambidza
force n. simba
forehead huma
foreigner mubvakure
forest sango
forever narini; narinhi
forget kanganwa
forgetfulness hanganwa
forgive -regerera
forgiveness ruregerero
fork forogo; foko
form n. fomu
four ina
fowl huku
fowl run zumbu
Friday Chishanu
friend shamwari
friendship ushamwari
fright kutya
frighten -tyisa
frog dafi
fruit muchero
fry -kanga
fuel mafuta
fulfil -zadzikisa
full (be) v. -zara
funeral mariro
fur mvere

furniture fenicha
fury hasha

G

gallon garoni
game gemu
gang gen'a
gap gwanza
garage garaji
garbage marara
garden gadheni
gas peturu
gate gedhi
gather -unganidza
gear n. giya
germ jemusi
germinate -mera
get -tora
get up -muka
ghost chipoko
gift chipo
giraffe twiza
girl musikana
give -pa
glass girazi
glorify -rumbidza
glove girovhisi
glue guruu
go -enda
goat mbudzi
gold ndarama; goridhe

golf gorufu
good adj. zvakanaka
good morning mangwanani
gossip makuhwa
govern -tonga
government hurumende
government minister gurukota
grade (in school) giredhi
grandchild muzukuru
grandfather sekuru
grandmother ambuya
grape girepi
grass uswa
grateful -tenda
grave n. guva; rinda
graze -fura
green girini
greet -kwazisa
grind -gaya
grocery (store) girosa
ground pasi
group n. chikwata
guard n. gadhi
guest muenzi; mueni
guitar gitare
gun pfuti

H

hair vhudzi
half hafu
hand n. ruoko

handbag hendibhegi
handkerchief hengechefu
handle n. mubato
happiness rufaro
happy -fara
hard (be) -oma
hare tsuro
harm -kuvadza
harvest v. -kohwa
hat heti
hate -venga
hatred ruvengo
head musoro
heal -pora
health utano
hear -nzwa
heart mwoyo
heaven denga
helicopter chikopokopo; herikoputa
help v. -batsira
here apa
hide -hwanda
hill chikomo
history nhoroondo
hit -rova
hoe badza
hold -bata
hole buri
holiday zororo
home musha
honey huchi
hope tariro

horse bhiza
hospital chipatara
hostel hositeri
hot (be) -pisa
hotel hotera
hour awa
house n. imba
how sei
human munhu
hundred zana
hunger nzara
hunt -vhima
hurt -kuvadza
husband murume
hyena bere

I

ice aizi
ice cream aizikirimu
idea zano
idiot benzi
ill -rwara
imitate -tevedzera
increase -wedzera
indicate -ratidza
inform -udza
injure -kuvadza
ink ingi
inquire -bvunza
inquiry mubvunzo
insect kapuka

insert -pinza
inside mukati
interpret -turikira
interrupt -dzingaidza
interview n. indavhiu
intestine n. ura
intimidate -tyityidzira
introduce -suma
investigate -feya
invite -koka
invoice n. inivhoisi
iron n. aini
iron v. -aina
irrigate -diridza
island chitsuwa

J

jacket bhachi
jail n. jeri
jam jemu
January Ndira
jealous ruchiva
jersey juzi
job basa
jog -mhanya
join -batanidza
joke n. jee
journey rwendo
joy rufaro
judge n. mutongi
judgement mutongo

jug jagi
July Chikunguru
jump v. -svetuka
junction mhararano
June Chikumi
justice muenzaniso

K

keep -chengeta
kettle ketero
key kiyi
kick -banha; -kika
kid mwana
kidney itsvo
kill -uraya
king mambo
kiss -tsvoda; -kisa
kitchen kicheni
knee ibvi
kneel -pfugama
knife banga
knit -ruka
knock -gogodza
know -ziva
knowledge ruzivo

L

labor n. basa
ladder manera

lady mukadzi
lake nyanza; gungwa
lamb hwayana
lamp rambi
land n. ivhu
language mutauro
late -nonoka
laugh v. -seka
leaf shizha
leave n. rivhi
leave v. -simuka
left n. ruboshwe
leg gumbo
lemon remani
length urefu
lesson chidzidzo
letter tsamba
lettuce retisi
level n. danho
liar munyepi
license n. rezenesi
lie -nyepa
life upenyu
lift n. rifiti
light n. mwenje
like -da
limp -gamhina
line n. raini
lion shumba
lip muromo
lipstick ripisitiki
listen -teerera
little shoma

live -gara
liver chiropa; chitaka
loaf rofu
loan chikwereti
lock n. roko
lock v. -kiya
look -tarisa
lose -rasa
lottery rotari
love n. rudo
love v. -da
luggage mukwende
lunch kudya kwemasikati
lung bapu

M

machine muchina
mad (be) -penga
magazine magazini
maid musikana anoshanda mumba
maize chibage
make -gadzira
malaria marariya
male munhurume
man murume
manager maneja
many zhinji
map n. mepu
March Kurume
margarine majarini

market n. musika
marriage muchato
marry -roora
mattress matiresi
May Chivabvu
mayor meya
measles gwirikwiti
measure -era
meat nyama
mechanic makanika
medal medhari
medicine mushonga
meet -sangana
meeting musangano
member nhengo
men varume
message shoko
messenger mutumwa
meter mita
method mutoo
mice mbeva
migrate -tama
milk n. mukaka
mine n. mugodhi
minute n. mineti
mirror chiringiriro
mix -sanganisa
Monday Muvhuro
money mari
monkey shoko; soko
month mwedzi
moon mwedzi

morning mangwanani
mother amai
mother-in-law ambuya
motor car motokari
mountain gomo
mourn -chema
mouse mbeva
mouth muromo
move -famba
Mrs. Mai
murder -ponda
mushroom hohwa
music mumhanzi

N

naartjie (a fruit, like an orange) nachisi
nail nzara
name n. zita
near padyo
neck mutsipa
needle tsono
neighbor muvakidzani
nephew muzukuru
nest dendere
net n. mambure
new idzva
news nhau
newspaper pepanhau
night usiku
nine pfumbamwe

no kwete; aiwa
noise ruzha
north maodzanyemba
nose mhuno
notice n. chiziviso
November Mbudzi
now zvino
number nhamba
nurse mukoti
nursery kireshi
nut nzungu

O

oath mhiko
obey -teerera
obtain -wana
October Gumiguru
offend -tadzira
oil n. mafuta
old (be) -chembera
once kamwe
one poshi
onion hanyanisi
open -vhura
orange n. ranjisi
orphan nherera
ostrich mhowani
oven hovhoni
overtime ovhataimi
owl zizi
owner muridzi

P

packet paketi
page peji
pain marwadzo
paint n. pendi
paint v. penda
pair peya
pan pani
pancake panikeki
paper pepa
parcel pasuru
parent mubereki
park n. paki
park v. paka
parliament paramende
party n. pati
pass v. -pfuura
passport pasipoti
path nzira
patient n. murwere
pay v. -bhadhara
peace rugare
peach pichisi
peanut nzungu
peel -menya
pen chinyoreso
pencil penzura
penny peni
people vanhu
perhaps pamwe
permit v. -tendera
person munhu

petrol peturu
pharmacist kemisiti
photocopier fotokopiya
photograph mufananidzo
piano piyano
pick -nhonga
picture mufananidzo
pie pai
piece pisi
pig nguruve
pill piritsi
pillow piro
pilot n. mutyairi wendege
pin n. pini
pin v. -pina
pineapple nanazi
pipe n. paipi
pit gomba
place n. nzvimbo
plan n. purani
plan v. -ronga
plant n. chirimwa
plant v. -dyara
plate pureti
play n. -tamba
plough v. -rima
pocket n. homwe
poem nhetembo
pole danda; bango
police camp n. kamba
policeman mupurisa
popcorn popukoni
porridge bota

pot poto
potato mbatatisi
pour -dira
powder n. pawudha
power simba
praise -rumbidza
pray -namata
prayer munamato
preach -paridza
preface nhanganyaya
pregnancy nhumbu
prepare -gadzirira
present chipo
president mutungamiri wenyika
prevent -dzivirira
price mutengo
priest mufundisi
print -purinda
prisoner musungwa
prize mubayiro
problem dambudziko
profession basa
profit n. porofiti
promise n. chitsidzirano
promise v. -tsidzira
prostitute hure
protect -dzivirira
proud (be) -dada
pull -dhonza
pump n. pombi
pumpkin nhanga
push -sunda
put -isa

Q

quarrel v. -kakavadzana
queen mambokadzi
question n. mubvunzo
queue (line) mudungwe
quick (be) v. -kurumidza
quiet v. -nyarara

R

rabbit tsuro
race mujaho
radio dzimudzangara
railway njanji
rain mvura
raincoat renikoti
rat gonzo
raw mbishi
reach -svika
read -verenga
reap -kohwa
reason chikonzero
receipt n. risiti
record n. rekodhi
red tsvuku
refrigerator firiji
refuse -ramba
region nharaunda; dunhu
regret -demba
relationship ukama
relative hama

religion unamati
remember -rangarira
rent n. rendi
rent v. -renda
repair -gadzira
reply -pindura
respect -kudza
rest -zorora
return v. -dzoka
reward mubayiro
rhino chipembere
rib mbabvu
rice mupunga
right *(correct)* ndizvozvo
right *(direction/hand)* rudyi
ring n. ringi
river rwizi
road nzira
robot robhoti
rock dombo
roof n. denga
room mupanda
root n. mudzi
rope n. tambo
rule v. -tonga
run -mhanya

S

sack n. saga
sad (be) -tsamwa

sale sero
saliva mate
salt sauti; munyu
sand jecha
sandal senduro
Saturday Mugovera
sausage soseji
save -chengetedza
say -ti
scale chikero
school chikoro
science sainzi
scissors chigero
sea nyanza; gungwa
search -tsvaga
season n. mwaka
seat chigaro
secretary sekiritari
see -ona
seed mbeu
sell -tengesa
send -tuma
September Gunyana
seven nomwe
sew v. -sona
shade n. mumvuri
share -gova
sheep hwayi
ship n. ngarava
shirt shati
shoe shangu
shoot -pfura
shop n. chitoro

shoulder n. bendekete
shout -daidzira
show -ratidza
shut -vhara
shy (be) -nyara
sick -rwara
side divi
sign n. chikwangwani
silence n. runyararo
sin n. chitadzo
sing -imba
singer muimbi
sister hanzvadzi
sit -gara
six nhanhatu
skirt siketi
sky denga
slave muranda
sleep -rara
slide -tsvedza
slow -nonoka
small duku
smell mweya
smile -nyemwerera
smoke n. utsi
snake nyoka
soap sipo
soil ivhu
soldier murwi
son mwanakomana
song rwiyo
son-in-law mukuwasha
sorghum mapfunde**

soup muto
south chamhembe
sow -dyara
speak -taura
spear n. pfumo
spider dandemutande
spinach sipinachi
spit -svipa
spoon chipunu
spray -pfapfaidza
stab -baya
stamp (postage) chitambi
stand -mira
stand up -simuka
start -tanga
statement sitatimendi
station chiteshi
stay -gara
steal -ba
step nhanho
stick n. chimuti
stick v. -namatira
stitch n. sitichi
stomach dumbu
stone n. dombo
stop v. -mira
store chitoro
story nyaya
street nzira
strike -rova
student mudzidzi
subject (in school) chidzizdo; sabhujekiti
subject (under authority) mubatwi

succeed -budirira
suffer -tambudzika
sugar shuga; tsvigiri
sugar cane nzimbe
suitcase sutukesi
sun zuva
Sunday Svondo
sunrise mabudazuva
sunset madeukazuva
supermarket supamaketi
sweep -tsvaira
sweet chihwitsi
swim -tuhwina

T

table n. tafura
tail muswe
tailor tera
take -tora
talk -taura
tank tangi
tap n. pombi
tar tara
tax mutero
taxi tekisi
tea tii
teach -dzidzisa
teacher mudzidzisi
teapot tiipoti
tear (from eye) musodzi
tear -bvarura

teeth mazino
telephone n. runhare
television tiivhii
tell -udza
temple temberi
ten gumi
tennis tenisi
tent tende
term temu
terminus teminasi
test n. zamanishoni
testament testamende
there apo
thief mbavha
thin tete
thing chinhu
think -funga
thirst nyota
thought pfungwa
thousand chiuru
thread shinda
three tatu
throat huro
throw -kanda
throw away -rasa
thumb chigunwe
thunder bhanan'ana
Thursday China
ticket n. tikiti
tie n. tayi
tie -sunga
tile tayira
time n. nguva

tin n. gaba
tire tayi; vhiri
tired (be) -neta
toast n. tositi
tobacco fodya
today nhasi
toe chigunwe
together pamwe
tomato domasi
tomorrow mangwana
tongue rurimi
tool turusi
tooth zino
torch tochi
tortoise kamba
tot toti
touch -bata
tourist mushanyi
towel tawuru
town dhorobha
toy toyi
tractor tarakita
train n. chitima
travel -famba
tray tireyi
tree muti
trousers bhurukwa
truck rori
trunk bhutu
truth chokwadi
try -edza
Tuesday Chipiri
turn v. -tsauka

twins mapatya
two piri

U

ugly (be) -shata
ululate (howl) -pururudza
umbrella amburera
uncle babamukuru; babamunini; sekuru
understand -nzwa
uniform n. yunifomu
unite -batanidza
university univhesiti
unload turura
unlock -kiyinura
untie -sunungura
until dzamara
uproar bopoto
urge -kurudzira
urine weti
use v. -shandisa
utensil mudziyo
uterus chibereko

V

vacation zororo
vaccination nhomba
vegetable muriwo
vein tsinga
verb chiito
vest vhesiti

village musha
vinegar vhiniga
virus utachiona
visible (be) -oneka
visit -shanya
visitor mueni
vitamin vhitamini
voice n. izwi
vomit -rutsa
vote v. -vhota

W

waist chiuno
wait -mira
waiter hweta
wake up -muka
wake v. -mutsa
walk -famba
wall madziro
wallet chikwama
want -da
war hondo
warm (be) -dziya
warthog njiri
wash -geza; -suka
washing machine muchina wekugeza mbatya
wasp igo
watch n. wachi
watch v. -ona; -tarisa
water n. mvura
way nzira

wealth upfumi
wear -pfeka
weather mamiriro ekunze
wedding muchato
Wednesday Chitatu
week svondo
weigh v. -era
weight uremu
well n. tsime
west madokero
wet -nyorova
what chii
wheat koroni
wheel vhiri
when rinhi
where kupi
which -pi
whisper n. zevezeve
whisper v. -zevezera
whistle n. *(instrument)* pito
whistle n. mheterwa
white chena
who ani
why sei
wife mukadzi
win -kunda
wind mhepo
window fafitera
wine waini
wing bapiro
winter nguva yechando
wire n. waya
wisdom ungwaru

woman mukadzi
women vakadzi
wood huni
word izwi
work basa
worker mushandi
world pasi rose
worm gonye
worship -namata
wound n. chironda
wrist chiningoningo
write -nyora
writer munyori
wrong (be) -kanganisa

X

X-ray ekisirei

Y

yard yadhi
yawn v. -shama nyai
year gore
yell -zhamba
yellow yero
yes hongu; ehe
yesterday nezuro
yoghurt yogati
yolk mondo

you *(singular)* iwe
young duku

Z

zebra mbizi
zero ziro
zip n. zipi

SHONA PHRASEBOOK
(ChiShona)

1. ETIQUETTE

Good morning. **Mangwanani.**

Good afternoon. **Masikati.**

Good evening. **Manheru.**

How did you sleep? **Warara sei?** (Said to one person)

    Marara sei? (Said to more than one person or said to one person to indicate respect)

How did you spend the day? **Waswera sei?** (Said to one person)

    Maswera sei? (Said to more than one person or said to one person to indicate respect)

Hello. **Mhoro.** (Said to one person)

    Mhoroi. (Said to more than one person or said to one person to indicate respect)

How are you? **Wakadini?** (Said to one person)

    Makadini? (Said to more than one person or said to one person to indicate respect)

Fine, and you? **Ndiripo kana wakadiniwo?** (Said to one person)

    Tiripo kana makadiniwo? (Said to more than one person or said to one person to indicate respect)

How is the family? **Mhuri yakadini?**

How are the others? **Vamwe vakadini?**

They are fine. **Varipo zvavo.**

We will see each other again. **Tichaonana zvakare.**

    ... tomorrow. **Tichaonana mangwana.**

It was nice to know you. **Ndafara kukuzivai.**

Have a nice day. **Muve nezuva rakanaka.**

Welcome. **Titambire.**

Bon voyage. **Famba zvakanaka.** (Said to one person)

Fambai zvakanaka. (Said to more than one person or said to one person to indicate respect)

Goodbye. **Chisarai.**

Knock, knock, knock! **Go, go, goi!**

Terms of Address

For men, the prefix **Va-** is used, *e.g.* **VaMoyo** 'Mr. Moyo'.

For women, the noun **Mai, Amai** is used, *e.g.* **Mai Moyo** 'Mrs. Moyo'.

2. USEFUL EXPRESSIONS

Many thanks.	**Ndatenda chaizvo.**
You are welcome.	**Muchitendei.**
	(LIT: Do not mention)
It does not matter.	**Hazvina basa.**
All right.	**Zvakanaka.**
Is that so?	**Nhai?**
I want...	**Ndinoda...**
I do not want...	**Handidi...**
Where is...?	**...kupi?**
When does it open?	**Kunovhurwa rinhi?**
...close?	**Kunovharwa rinhi?**
I am looking for...	**Ndiri kutsvaga...**
...John and Tim.	**...John naTim.**
...the post office.	**...posvo.**
Can you help me?	**Ungandibatsirewo?**
...take me there?	**Ungandiendeseko?**
Good.	**Zvakanaka.**
It is bad.	**Zvakashata.**
It's my fault.	**Imhosva yangu.**
It's not my fault.	**Haisi mhosva yangu.**
I know.	**Ndinoziva.**
I do not know.	**Handizivi.**
who?	**ani?**
why?	**sei?**
when?	**rinhi?**
where?	**kupi?**
what?	**chii?**
how?	**sei?**
here	**pano**

there	**uko**
What is that?	**Chii icho?**
What is this?	**Chii ichi?**
Who is that?	**Ndiani?**

Wait a minute. **Mira zvishoma.** (Said to one person)

> **Mirai zvishoma.** (Said to more than one person or said to one person to indicate respect)

Come in. **Pinda.** (Said to one person)

> **Pindai.** (Said to more than one person or said to one person to indicate respect)

Come here. **Uya pano.** (Said to one person)

> **Uyai pano.** (Said to more than one person or said to one person to indicate respect)

Go there. **Enda uko.** (Said to one person)

> **Endai uko.** (Said to more than one person or said to one person to indicate respect)

Welcome. **Mauya, Mwauya.**

Happy Birthday. **Bhavhadheyi rakanaka.**

Can I help you? **Ndingakubatsire nei?** (Said to one person)

> **Ndingakubatsirei nei?** (Said to more than one person or said to one person to indicate respect)

What time is it? **Inguvai?**

Stop here. **Mira pano.** (Said to one person)

> **Mirai pano.** (Said to more than one person or said to one person to indicate respect)

What is wrong? **Zvaita sei?**

Listen. **Teerera.**

Be careful! **Chenjera!**

Run! **Mhanya!**

Come quickly. **Uya nekukurumidza.** (Said to one person)

    Uyai nekukurumidza. (Said to more than one person or said to one person to indicate respect)

Stop bothering me. **Rega kundinetsa.** (Said to one person)

    Regai kundinetsa. (Said to more than one person or said to one person to indicate respect)

Where is the Police camp? **Kamba yemapurisa iri kupi?**

    ...American Embassy? **Embasi yeAmerika iri kupi?**

    ...the toilet? **Chimbuzi chiri kupi?/Toireti ri kupi?**

My money has been stolen. **Mari yangu yabiwa.**

    ...lost.   **...yarasika.**

My clothes have been stolen. **Hembe dzangu dzabiwa.**

I am hungry. **Ndine nzara.**

    ...thirsty.   **...nyota.**

    ...sorry.   **...urombo.**

I am tired. **Ndaneta.**

I am sad. **Ndakatsamwa.**

I am full. **Ndakaguta.**

I am cold. **Ndiri kutonhorwa.**

    ...hot.   **...kupiswa.**

    ...warm.   **...kudziyirwa.**

    ...happy.   **...kufara.**

I am not hungry. **Handina nzara.**

    ...thirsty.   **...nyota.**

USEFUL EXPRESSIONS

USEFUL WORDS

accident	**tsaona**
and	**na-**
but	**asi**
excuse me	**pamusoroi**
no	**kwete, aiwa**
or	**kana**
perhaps	**pamwe**
please	**ndapota**
police	**mapurisa**
so	**saka**
thief	**mbavha**
yes	**hongu, ehe**

3. INTRODUCTIONS

What is your name?	**Zita rako ndiani?**
	or **Unonzi ani?**
e.g. My name is Peter.	**Zita rangu ndiPeter.**
	or **Ndinonzi Peter.**
What is her name?	**Zita rake ndiani?**
	or **Anonzi ani?**
Her name is...	**Zita rake ndi...**
	Anonzi...
This is my...	**Uyu i...**
...friend.	**...shamwari yangu.**
...relative.	**...hama yangu.**

ABOUT YOURSELF

Where are you from?	**Unobva kupi?**
I come from...	**Ndinobva ku...**
...America.	**...Amerika.**
...Britain.	**...Bhiriteni.**
...Canada.	**...Kanadha.**
...Germany.	**...Jemeni.**
...India.	**...Indiya.**
...Italy.	**...Itali.**
...Japan.	**...Japani.**
I am an American.	**Ndiri muAmerikeni.**
...British.	**...Bhiritishi.**
...a Canadian.	**...Kanadhiyeni.**
...a German.	**...Jemeni.**

...Japanese. **...Japanizi.**

...an Indian. **...Indiyeni.**

...an Italian. **...Tariyana.**

AGE

How old are you? **Une makore mangani?**

I am...years old. **Ndine makore ...**

FAMILY

Are you married? **Wakaroora here?** (In the case of men)

Wakaroorwa here? (In the case of women)

I am single. **Handina kuroora.** (In the case of men)

Handina kuroorwa. (In the case of women)

Do you have a boyfriend? **Une mukomana here?**

Do you have a girlfriend? **Une musikana here?**

What is his/her name? **Zita rake ndiani?**

How many children do you have? **Une vana vangani?**

I do not have children. **Handina vana.**

I have a daughter. **Ndine mwanasikana.**

I have a son. **Ndine mwanakomana.**

How many sisters do you have?	**Une hanzvadzi ngani?**
How many brothers do you have?	**Une hanzvadzi ngani?**

father	**baba**
mother	**amai**
grandfather	**sekuru**
grandmother	**ambuya**
brother, sister	**hanzvadzi**
child	**mwana**
children	**vana**
daughter	**mwanasikana**
son	**mwanakomana**
twins	**mapatya**
husband	**murume**
wife	**mukadzi**
family	**mhuri**
man	**murume**
woman	**mukadzi**
boy	**mukomana**
girl	**musikana**
person	**munhu**
people	**vanhu**

OCCUPATIONS

What do you do?	**Unoitei?**
I am a/an...	**Ndiri...**
accountant	**akaundendi**
businessman	**bhizinesimeni**

carpenter	**muvezi**
dentist	**chiremba wemazino**
diplomat	**dhipulomati**
doctor	**chiremba**
economist	**ikonomisiti**
engineer	**injiniya**
farmer	**murimi**
journalist	**mutori wenhau**
lawyer	**gweta**
mechanic	**makanika**
nurse	**mukoti**
pilot	**mutyairi wendge**
scientist	**saindisiti**
secretary	**sekiritari**
soldier	**musoja**
student	**mudzidzi**
teacher	**mudzidzisi**
tourist	**mushanyi**
writer	**munyori**

RELIGION

Most Zimbabweans are Christians. Christianity (ChiKristu) came to Zimbabwe through missionary activity.

What is your religion?	**Uri wechitendero chipi?**
I am a ...	**Ndiri mu...**
Christian.	**MuKristu.**
Hindu.	**Hindu.**
Muslim.	**Muslim.**

4. LANGUAGE

Aside from the other indigenous languages spoken in Zimbabwe, many Zimbabweans speak English, especially in the urban areas.

Do you speak English?	**Unotaura ChiRungu here?**
Do you speak Shona?	**Unotaura ChiShona here?**
Do you speak Japanese?	**Unotaura Japanizi here?**
Do you speak German?	**Unotaura Jemeni here?**
I speak little Shona.	**Ndinotaura Shona zvishoma.**
Speak slowly.	**Taura zvishoma.** (Said to one person)
	Taurai zvishoma. (Said to more than one person or said to one person to indicate respect)
Could you repeat?	**Ungadzokorere here?**
How do you say this in Shona?	**Unoti chii neChiShona?**
How do you pronounce this word?	**Unodaidza sei izwi iri?**
Do you understand me?	**Uri kundinzwisisa here?** (Said to one person)
	Muri kundinzwisisa here? (Said to more than one person or said to one person to indicate respect)

LANGUAGE

I do not understand.	**Handinzwisisi.**
I do not speak Shona.	**Handitaure Shona.**
What does it mean?	**Zvinorevei?**
I want an interpreter.	**Ndinoda muturikiri.**

I speak...	**Ndinotaura ...**
English.	**Chirungu.**
Arabic.	**Arabhiki.**
German.	**Jemeni.**
Greek.	**Giriki.**
Portuguese.	**Putukezi.**
Swahili.	**Swahili.**

5. TRAVEL & TRANSPORTATION

Public Transport - Buses and commuter omnibuses are available, but are usually too full. Taxis are more readily available.

ENQUIRIES

May I ask? **Ndingabvunzewo?**

I want to go to town. **Ndinoda kuenda kutaundi/kudhorobha.**

I want to go to the store. **Ndinoda kuenda kuchitoro.**

Where can I get a travel agency? **Ndingawane kupi travel agency?**

Where is the airport? **Eyapoti iri kupi?**

Where's the bus station? **Chiteshi chebhazi chiri kupi?**

Where is the train station? **Chiteshi chechitima chiri kupi?**

What is this street called? **Nzira ino inonzi ani?**

Show me on the map. **Ndiratidze pamepu.**

CUSTOMS

Where is customs? **Customs iri kupi?**

Here is my luggage. **Zvinhu zvangu izvi.**

Here is my passport. **Pasipoti yangu iyi.**

This is all I have. **Izvi ndizvo chete zvandiinazvo.**

All these are my clothes. **Dzose idzi ihembe dzangu.**

This suitcase contains only books. **Sutukesi iyi ine mabhuku chete.**

TRAVEL & TRANSPORTATION

Do I pay duty? **Ndinobhadhara juti here?**

May I go? **Ndiende zvangu?**

May we go? **Tiende zvedu?**

How much is one way fare to Victoria Falls?
Imarii kuenda kuVictoria Falls?

How much is the return fare to Victoria Falls?
Imarii kuenda nekudzoka kuVictoria Falls?

I want one ticket. **Ndinoda tikiti rimwe chete.**

I want a front seat. **Ndinoda chigaro chepamberi.**

I want a back seat. **Ndinoda chigaro chekumashure.**

I want to sit near the window. **Ndinoda kugara padyo nehwindo.**

I want to go to business class. **Ndinoda kuenda kubusiness class.**

I want to go to economy class. **Ndinoda kuenda kueconomy class.**

What baggage weight am I allowed to take?
Ndinobvumidzwa zvinhu zvine uremu hwakadini?

TRAVEL BY PLANE

Where is the airport? **Eyapoti iri kupi?**

How far is it? **Kure zvakadii?**

How often does Air Zimbabwe fly to Victoria Falls? **Air Zimbabwe inoenda kangani kuVictoria Falls?**

I want to go to Victoria Falls. **Ndinoda kuenda kuVictoria Falls.**

Can you book me for Wednesday?
Mungandibhukire musi weChitatu?

TRAVEL & TRANSPORTATION

I would like something to drink. **Ndinoda chinwiwa.**

...something to eat.	...**chekudya.**
...some coffee.	...**kofi.**
...some tea.	...**tii.**
...a newspaper.	...**nyuzipepa.**
...a magazine.	...**magazini.**

TRAVEL BY BUS

Which bus goes to Westgate? **Bhazi rinoenda kuWestgate nderipi?**

What bus must I take to get to Westgate? **Nditore bhazi ripi kuenda kuWestgate?**

Where is the driver? **Mutyairi ari kupi?**

Where is the ticket collector? **Anotora matikiti ari kupi?**

Where do you want to get off? **Unoda kudzika papi?**

I want to get off near the Post Office. **Ndinoda kudzika padyo nePost Office.**

Get off here. **Dzikai pano.**

TRAVEL BY TRAIN

The arrival. **Kusvika.**

The departure. **Kusimuka.**

Where can I buy tickets? **Ndingatenge kupi matikiti?**

When does the train to Bulawayo leave? **Chitima chekuBulawayo chichasimuka rinhi?**

TRAVEL & TRANSPORTATION

Is the train to Harare late? **Chitima chekuHarare chanonoka here?**

Is the train on time? **Chitima chasvika nenguva here?**

The train leaves at 8 P.M. **Chitima chichasimuka na8.**

There will be a delay of one hour. **Chitima chichanonoka kusimuka neawa imwe chete.**

For how long does the train stop in Gweru? **Chitima chichamira kwenguva yakadini muGweru?**

Please open the window. **Vhurai hwindo.**

Do you want me to open the window? **Munoda kuti ndivhure hwindo?**

Do you want me to close the window? **Munoda kuti ndivhare hwindo?**

At what time are meals served? **Kudya kunopihwa nguvai?**

Is this seat taken? **Chigaro ichi chine munhu here?**

TAKING A TAXI

Where can I get a taxi? **Ndingawane kupi tekisi?**

Call a taxi for me. **Ndidaidzirewo tekisi.**

Call a taxi for us. **Tidaidzirewo tekisi.**

How much does it cost? **Imarii?**

How far is Avondale? **KuAvondale kure zvakadini?**

I would like to go around seeing Harare. **Ndinoda kutenderera ndichiona Harare.**

TRAVEL & TRANSPORTATION

Do not speed. **Musamhanyise.**

Go slowly. **Fambai zvishoma.**

Stop here. **Mirai pano.**

Wait for me here. **Ndimirirei pano.**

I am coming back just now. **Ndiri kudzoka zvino zvino.**

EXTRA WORDS

airport	**nhandare yendege**
bicycle	**bhizautare/bhasikoro**
boarding pass	**bhodhin'i pasi**
bus stop	**bhasi stopu**
car	**motokari**
entrance	**musuwo**
exit	**buda**
helicopter	**herikoputa, chikopokopo**
motorbike	**mudhudhudhu**
no entry	**hapana nzira**
railway	**njanji**
road	**nzira**
sign	**chikwangwani**
station	**chiteshi**
telephone	**runhare**
timetable	**taimitebhuru**
toilet	**chimbuzi, toireti**
train station	**chiteshi chechitima**

6. THE CAR

Driving - To drive in Zimbabwe, you will need an international driver's license, car registration papers and insurance. However, you can only use an international driver's license for three months. Thereafter, you will need a Zimbabwe driver's license.

Where can I get a driver's licence? **Rezenesi rekudhiraivha ndingariwane kupi?**

I have an international driver's licence. **Ndine rezenesi rekudhiraivha kwese kwese pasi rose.**

Go to the Vehicle Inspection Department. **Enda kuVehicle Inspection Department.**

You can use an international driver's license for three months only. **Unokwanisa kushandisa international licence kwemwedzi mitatu chete.**

Where can I rent a car? **Ndingarende kupi motokari?**

...a motorcycle. **...mudhudhudhu.**

...a bicycle. **...bhasikoro.**

How much is it per day? **Imarii pazuva?**

How much is it per week? **Imarii pasvondo?**

Where is the nearest filling station? **Garaji repeturu riri padyo riri kupi?**

Fill the tank please. **Zadzai tangi.**

Check the oil. **Tarisai oiri.**

...tires. **...matayi.**

...battery. **...bhatiri.**

I have run out of gas. **Ndapererwa nepeturu.**

THE CAR

We need a mechanic. **Tiri kuda makanika.**
There has been an accident. **Paitika tsaona.**
My car has been stolen. **Motokari yangu yabiwa.**
Call the police. **Daidza mapurisa.**

driver's license	**rezenesi remotokari**
insurance policy	**inishuwarenzi**
car papers	**mapepa emotokari**

USEFUL WORDS

accelerator	**sanareta**
air	**mweya**
battery	**bhatiri**
bonnet	**bhoneti**
brake	**bhureki**
bumper	**bamba**
car park	**nzvimbo yekupaka motokari**
clutch	**kirashi**
driver	**mutyairi**
engine	**injini**
exhaust	**ekizositi**
fan belt	**feni belt**
gear	**giya**
indicator	**indiketa**
jack	**jegi**
mechanic	**makanika**
oil	**oiri**
petrol	**peturu**

THE CAR

radiator	**redhiyeta**
reverse	**ruvhesi**
seat	**chigaro**
steering wheel	**chidhiraivho**
tank	**tangi**
tire	**tayi**
windshield	**windisikirini**

7. ASKING FOR DIRECTIONS

Where is the art gallery?	**Art gallery iri kupi?**
bank	**bhanga**
church	**chechi**
the Ministry of...	**Gurukota re...**
hotel	**hotera**
market	**musika**
police camp	**kamba yemapurisa**
toilet	**chimbuzi/toireti**
parliament	**paramende**
university	**univhesiti**
airport	**nhandare yendege**
station	**chiteshi**
What road is this?	**Inzira ipi iyi?**
...district...?	**...dunhu...?**
...town...?	**...dhorobha...?**
...village...?	**...musha...?**
It is near.	**Padyo.**
Is it near?	**Padyo here?**
It is far.	**Kure.**
Is it far?	**Kure here?**
How far is it?	**Kure zvakadii?**
Can I park here?	**Ndingapaka pano here?**
How many kilometers is it to...?	**Makiromita mangani kusvika ku...?**
It is...kilometers away.	**Makiromita...**

ASKING FOR DIRECTIONS

Where can I find this address?	**Ndingawane kupi adhiresi iyi?**
How do I get to...	**Ndingasvika sei ku...**
I want to get to...	**Ndinoda kusvika ku...**
Can I walk there?	**Ndingafamba kusvikako?**
Turn left.	**Tsauka kuruboshwe.**
Turn right.	**Tsauka kurudyi.**
...at the traffic lights.	**... pamarobotsi.**
behind	**shure**
corner	**kona**
far	**kure**
left	**ruboshwe**
near	**padyo**
right	**rudyi**
north	**maodzanyemba**
south	**chamhembe**
east	**mabvazuva**
west	**mavirira**

8. ACCOMMODATION

I am looking for a place to stay. **Ndiri kutsvaga nzvimbo yekugara.**

I am looking for a furnished apartment. **Ndiri kutsvaga imba ine midziyo.**

I am looking for an unfurnished apartment. **Ndiri kutsvaga imba isina midziyo.**

I want an apartment with two bedrooms. **Ndinoda imba ine dzimba mbiri dzekurara.**

How much is it a month? **Imarii pamwedzi?**

I am looking for a maid. **Ndiri kutsvaga munhu anoita basa remumba.**

I am looking for a good cook. **Ndiri kutsvaga munhu anogona kubika.**

Where do I pay for water and electricity? **Magetsi nemvura zvinobhadharwa kupi?**

HOTEL

I am looking for a good hotel. **Ndiri kutsvaga hotera yakanaka.**

I am looking for an inexpensive hotel. **Ndiri kutsvaga hotera isingadhuri.**

I am looking for a lodge. **Ndiri kutsvaga loji.**

How much is it per room? **Imarii parumu?**

I would like...	**Ndiri kuda...**
...a single room.	**...rumu yemunhu mumwe chete.**
...a double room.	**...rumu yevanhu vaviri.**

ACCOMMODATION

We would like a room.	Tiri kuda rumu.
We would like two rooms.	Tiri kuda marumu maviri.
It costs Z$500 per night.	IZ$500 pazuva.
How long will you be staying?	Muri kugara mazuva mangani?

I want a room with...	Ndiri kuda rumu ine...
...a shower.	...shawa.
...a television.	...terevhizheni.
...a double bed.	...dhabhuru bhedhi.

I am going to stay for...	Ndiri kugara...
...one day.	...zuva rimwe chete.
...two days.	...mazuva maviri.
...three days.	...mazuva matatu.

My name is...	Zita rangu ndi...
I want to speak to the manager.	Ndinoda kutaura namaneja.
I would like to get my bill.	Ndinoda kutora bhiri rangu.
Can I give you a check?	Ndingakupei cheki?
Can I pay using VISA?	Ndingabhadhare neVISA?
I do not want to be awakened.	Handidi kumutswa.

Please bring me...	Ndiunzireiwo...
...a towel.	...tawuru.
...a glass.	...girazi.
...soap.	...sipo.

...champagne.	...shambeini.
...sheets.	...mashitsi.

Is there...	**Pane...**
laundry service?	**vanogeza mbatya?**
a telephone?	**runhare?**
hot water?	**mvura inopisa?**
air-conditioning?	**eya kondishina?**

Can I wash some clothes? **Ndingawache hembe here?**

Can you make my bed? **Mungawaridze mub-hedha wangu here?**

Bring me some cold water to drink. **Ndiunzireiwo mvura yekunwa inotonhora.**

I would like some dinner. **Ndinoda kudya kwemanheru.**

I am in room 34.	**Ndiri murumu 34.**

EXTRA WORDS

bathroom	**imba yekugezera**
bed	**mubhedha**
bill	**bhiri**
blanket	**gumbeze**
cold water	**mvura inotonhora**
double bed	**dhabhuru bhedhi**
electricity	**magetsi**
refrigerator	**firiji**
key	**kiyi**
mattress	**matiresi**
mirror	**girazi**

ACCOMMODATION

name	**zita**
pillow	**piro**
plug	**puragi**
room	**rumu**
sheets	**mashitsi**
shower	**shawa**
suitcase	**sutukesi**
table	**tebhuru**
towel	**tawuru**
water	**mvura**
window	**hwindo**

9. COMMUNICATIONS

Telecommunications - Telephone, fax, and internet facilities are available in towns and cities.

TELEPHONE

Where is the telephone? **Runhare rwuri kupi?/Foni iri kupi?**

Where is the nearest public phone? **Runhare ruri padyo ruri kupi?**

May I telephone from here? **Ndingaridze runhare pano here?**

I want to make a local call. **Ndinoda kuridza runhare muno.**

I want to make an international call. **Ndinoda kuridza runhare kunze kwenyika.**

My number is 800 7714. **Nhamba yangu i800 7714.**

How much does it cost?	**Kunoita marii?**
It is Z$100 a minute.	**IZ$100 pamineti.**
Hello.	**Halo.**
This is John speaking.	**NdiJohn ari kutaura.**
Please hold.	**Batai makadaro.**
Can I leave a message?	**Ndingasiyewo meseji?**
It is alright.	**Zvakanaka.**
I will call again.	**Ndichafona zvakare.**
Ask him to call this number.	**Afone panhamba iyi.**
There is a call for you.	**Pane foni yenyu.**

Leave a message on the answering machine. **Siya meseji paanswering meshini.**

COMMUNICATIONS

FAX

I wish to send a fax.   **Ndinoda kutumira fax.**
How much is it per page? **Imarii papeji?**
Fax costs Z$50 per page. **Fax inoita Z$50 papeji.**

POST OFFICE

I would like to send...   **Ndinoda kutumira...**
...a postcard.   **...postcard.**
...a parcel.   **...pasuru.**
...a telegram.   **...teregiramu.**

I am looking for a mailbox. **Ndiri kutsvaga pekuposita tsamba.**

I want to buy stamps. **Ndinoda kutenga zvitambi.**

I want to send this letter by airmail. **Ndinoda kutumira tsamba iyi neairmail.**

I want to send this letter by express mail. **Ndinoda kutumira tsamba iyi neexpress mail.**

Give me 5 stamps. **Ndipei zvitambi zvishanu.**

I want to collect my letter. **Ndinoda kutora tsamba yangu.**

I want to collect my parcel. **Ndinoda kutora pasuru yangu.**

INTERNET SERVICES

I am looking for the Internet. **Ndiri kutsvaga internet.**

There is an Internet Cafe in town. **Kune Internet Cafe mutaundi.**

I want to use... **Ndinoda kushandisa...**

I want to send an e-mail to my friend. **Ndinoda kutumira shamwari yangu e-mail.**

How does it work? **Inoshanda sei?**

Enter your password. **Isai password yenyu.**

How much does it cost to use the Internet? **Imarii kushandisa Internet?**

It is Z$40 per hour. **IZ$40 paawa.**

Switch on the computer. **Batidza kombuta.**

Switch off the computer. **Dzima kombuta.**

computer	**kombuta**
e-mail	**e-mail**
fax	**fax**
Internet	**Internet**
letter	**tsamba**
number	**nhamba**
parcel	**pasuru**
password	**password**
postcard	**postcard**
stamp	**chitambi**
telegram	**teregiramu**

10. FOOD AND DRINK

breakfast	**bhurakifesi, kudya kwemangwanani**
lunch	**kudya kwemasikati**
dinner	**kudya kwemanheru**
dessert	**dhizeti**
I am full.	**Ndakaguta.**
I am hungry.	**Ndine nzara.**
I am thirsty.	**Ndine nyota.**
We want to sit outside.	**Tinoda kugara panze.**
Can we eat now?	**Tingadye zvino here?**
I have had enough.	**Zvakwana.**
I have had too much food.	**Ndadya chikafu chakawandisa.**
I want meat.	**Ndinoda nyama.**
This is cold.	**Zviri kutonhora.**
I did not order this.	**Handina kuodha izvi.**
Can I have another glass.	**Ndipeiwo rimwe girazi.**
Here is your tip.	**Tipi yenyu iyi.**
I have finished eating.	**Ndapedza kudya.**
I have not finished eating.	**Handisati ndapedza kudya.**
The food was very good.	**Chikafu changa chichinaka.**
I do not eat meat. (LIT: I am a vegetarian.)	**Handidye nyama.**

FOOD AND DRINK

I do not eat pork.	**Handidye nyama yenguruve.**
I do not eat chicken.	**Handidye nyama yehuku.**
I do not eat fish.	**Handidye hove.**
I do not drink alcohol.	**Handinwe doro.**
I do not smoke.	**Handipute.**

I would like...	**Ndinoda...**
...an ashtray	**...eshi tireyi**
...the bill	**...bhiri**
...a glass of water	**...girazi remvura**
...a bottle of beer	**...bhodhoro rehwahwa**
...a bottle of wine	**...bhodhoro rewaini**
...a bottle opener	**...opena**
...a chair	**...chigaro**
...a cup	**...kapu**
...a drink	**...chinwiwa**
...a fork	**...forogo**
...a glass	**...girazi**
...a knife	**...banga**
...a plate	**...ndiro**
...a spoon	**...chipunu**
...a table	**...tafura**

DRINK

I would like to drink coffee.	**Ndinoda kunwa kofi.**
...tea.	**...tii.**

FOOD AND DRINK

...orange juice.	...orenji jusi.
...apple juice.	...apple jusi.
...milkshake.	...milksheki.
...brandy.	...bhurandi.
...wine.	...waini.
...whisky.	...hwisiki.
...a beer.	...hwahwa.
...champagne.	...shambeini.
...gin.	...jini.
...water.	...mvura.

FRUITS

apple	apuro
banana	bhanana
grapes	magirepisi
guava	gwavha
lemon	remani
mango	mango
paw paw	popo
peach	pichisi

VEGETABLES

cabbage	kabheji
carrots	kerotsi
cucumber	gaka
lettuce	letisi
mushroom	hohwa

onion	**hanyanisi**
peas	**pizi**
potatoes	**mbatatisi**
spinach	**sipinachi**
tomato	**domasi**

FOOD

beans	**bhinzi**
beef	**nyama yemombe**
boiled egg	**zai rakabhoiriswa**
bread	**chingwa**
cake	**keke**
cheese	**chizi**
chicken	**nyama yehuku**
cream	**ruomba**
fish	**hove**
fried chicken	**huku yakakangwa**
fried egg	**zai rakakangwa**
goat meat	**nyama yembudzi**
ketchup	**tomato sauce**
lamb	**nyama yehwai**
liver	**rivha**
lobster	**lobusta**
milk	**mukaka**
pork	**nyama yenguruve**
porridge	**poriji, bota**
pudding	**pudhingi**
roast meat	**nyama yakagochwa**
salt	**sauti**

FOOD AND DRINK

sausage	**soseji**
shrimp	**shirimbi**
soup	**supu**
sugar	**shuga**
vinegar	**vhiniga**

Staple Food

The staple food in Zimbabwe is sadza (a thick porridge prepared using maize meal). It is usually served with meat and vegetables.

11. SIGHTSEEING

I want to see the falls.	**Ndinoda kuona mapopoma emvura.**
...ruins.	**...masvingo.**
...sculpture.	**...zvivezwa.**
...animals.	**...mhuka.**
...mountains.	**...makomo.**

Do you have a map? **Mune mepu here?**

Is there a guide who speaks English? **Pana gaidhi anotaura Chirungu here?**

What are the main attractions? **Chii chinonyanya kunakidza kuona?**

May I take a photograph? **Ndingatore mufananidzo here?**

Is there an entrance fee? **Pane mari inobhadharwa pakupinda here?**

How much does it cost to get in? **Imarii kupinda?**

What does that say? **Apo pari kuti chii?**

What's there to do in the evenings? **Chii chatingaita manheru?**

12. SHOPPING

I want to go shopping. **Ndinoda kuenda kunoshopa.**

Can you take me to the shopping mall? **Ungandiendese kuShopping Mall here?**

I need some things. **Ndiri kuda zvinhu.**

I am just looking around. **Ndiri kungoona.**

May I speak to the salesperson? **Ndingataure nemutengesi here?**

May I try this one? **Ndingaedze iyi here?**

Does it fit me? **Inondifita here?**

It does not fit me. **Haindifite.**

I shall come back soon. **Ndichadzoka manje manje.**

Please wrap this for me. **Ndiputirireiwo izvi.**

Where do I pay? **Ndinobhadhara kupi?**

STORES

Where can I find a bakery?	**Ndingawane kupi bhekari?**
...bookstore?	**...bhukushopu?**
...butcher's?	**...bhuchari?**
...florist?	**...anotengesa maruva?**
...fruit store?	**...chitoro chemichero?**
...grocery?	**...girosa?**
...market?	**...musika?**
...music store?	**...chitoro chezvemumhanzi?**
...spice shop?	**...chitoro chemasipaisi?**

…shoemaker?	…**munhu anogadzira bhutsu?**
…supermarket?	…**supamaketi?**
…tailor?	…**tera?**
…watchmaker?	…**munhu anogadzira wachi?**

CLOTHING

In the urban environment, the way of dress is Western and men are expected to wear a jacket and tie in formal situations.

I want to buy a dress.	**Ndinoda kutenga dhirezi.**
…suit.	…**sutu.**
…blouse.	…**bhurauzi.**
…skirt.	…**siketi.**
…coat.	…**jasi.**
…children's dresses.	…**hembe dzevana.**
…pair of gloves.	…**magirovhisi.**
…bag.	…**bhegi.**
…handkerchief.	…**hengechefu.**
…hat.	…**heti.**
…nightgown.	…**naitidhiresi.**
…pyjamas.	…**mapijama.**
…shoes.	…**shangu.**
…socks.	…**masokisi.**

SHOPPING

TOILETRIES

comb	**kamu**
condom	**kondomu**
cotton wool	**donje, kotoni**
deodorant	**pefumu**
lipstick	**ripi sitiki**
painkiller	**mushonga unonyaradza kurwadza**
powder	**pawudha**
razor	**reza**
shampoo	**shambuu**
soap	**sipo**
tampon	**tambuni**
tissue	**tishu**
toothbrush	**bhurasho remazino**
toothpaste	**mushonga wemazino**

BOOKSTORE

Is there a bookstore nearby? **Pane bhukushopu iri padyo here?**

Yes, there is one along this street. **Hongu, pane iripo mumugwagwa uno.**

I want to buy a book.	**Ndinoda kutenga bhuku.**
...magazine.	**...magazini.**
...newspaper.	**...pepanhau.**
...pen.	**...chinyoreso.**
...pencil.	**...penzura.**
...sharpener.	**...shapena.**

I want to buy papers.	**Ndinoda kutenga mapepa.**
I want to buy a notebook.	**Ndinoda kutenga notibhuku.**

CAMERA AND PHOTOGRAPHS

I want a roll of film. **Ndinoda rora refirimu.**

How much is it? **Imarii?**

How much is it to develop film? **Imarii kugezesa firimu?**

How much is an enlargement? **Imarii kukudza mufananidzo?**

May I take your picture? **Ndingakutore mufananidzo?**

Can you take my picture? **Unganditorewo mufananidzo here?**

Is it allowed to take pictures here? **Zvinobvumidzwa kutora mufananidzo pano here?**

camera	**kamera**
film	**firimu**
picture	**pikicha**

ELECTRICAL APPLIANCES

adapter	**adhaputa**
battery	**bhatiri**
cassette	**kaseti**
cd	**si-dhii**

dryer	**mushina wekuomesa mbatya**
fan	**feni**
iron (for clothing)	**aini**
kettle	**ketero**
microwave	**maikrowevhi**
plug	**puragi**
radio	**dzimudzangara, redhiyo**
refrigerator	**firiji**
stove	**chitofu**
television	**terevhizheni**
VCR	**vhidhiyo**
washing machine	**mushina wekucha mbatya**

13. BANK & MONEY

Currencies - The official currency in Zimbabwe is the dollar, divided into 100 cents.

Changing money - Money can be changed in a bank or a Bureau de Change. Here you will find reliable as well as up-to-date exchange rates. The cashiers will mostly speak in English.

Where is the nearest bank? **Bhanga riri padyo riri kupi?**

I want to cash a traveller's check. **Ndinoda kuchinja matravelas cheki.**

   ...US dollars.   ...**maUS dola.**

   ...British pounds.   ...**mapaunzi.**

I want to buy US dollars. **Ndinoda kutenga maUS dola.**

What is the exchange rate? **Ekisichenji reti chii?**

I want to open a savings account. **Ndinoda kuvhura akaundi yekuchengetera mari.**

bank	**bhanga**
cashier	**mubati wemari**
change	**chenji**
coins	**mari yakapararana**
commission	**komisheni**
exchange	**chinja**
signature	**siginecha**

14. SERVICES

AT THE BEAUTY SALON

I want a haircut.	**Ndinoda kugerwa musoro.**
...a shave.	**...kugerwa ndebvu.**
...to wash my hair.	**...kugeza bvudzi.**
...a hair set.	**...kusetwa bvudzi.**
...a massage.	**...masaji.**
...a manicure.	**...kugadzirwa nzara.**
...a shampoo.	**...kushambuwa.**
...to make an appointment for tomorrow.	**Ndinoda kuisa apoindimendi yemangwana.**

appointment	**apoindimendi**
beard	**ndebvu**
hair	**bvudzi**
nails	**nzara**

LAUNDRY, DRY CLEANING

Where can I take my clothes to be washed?
Ndingaendese mbatya dzangu kupi kuti dziwachwe?

Is there a dry cleaner nearby? **Pane dhirayi kirina padyo here?**

I would like to wash these clothes. **Ndinoda kuwacha hembe idzi.**

hot water	**mvura inopisa**
cold water	**mvura inotonhora**
warm water	**mvura inodziya**

Do not wash this dress in hot water.
   Musawache hembe iyi mumvura inopisa.

I want to iron this dress. **Ndinoda kuaina,**
   kuchisa hembe iyi.

   ...this shirt.   ...**sheti iyi.**

clothes	**mbatya**
dry cleaner	**dhirayi kirina**
iron	**aini**
to iron	**kuaina, kuchisa**
water	**mvura**

15. HEALTH

Health Insurance - Doctors and hospitals often expect immediate cash payment for health services. Check with your insurance company to confirm whether your policy applies overseas.

Pharmacies are easy to find especially in the capital cities and are usually well stocked. However, medical facilities are limited outside the capital cities.

I want to see a physician. **Ndinoda kuona chiremba.**

What is the problem? **Dambudziko rako nderei?**

I am sick. **Ndiri kurwara.**

My friend is sick. **Shamwari yangu iri kurwara.**

May I see a female doctor? **Ndingaone chiremba wechikadzi?**

I have health insurance. **Ndine inishuwarenzi.**

Please undress. **Bvisa hembe.** (Said to one person)

Bvisai hembe. (Said to more than one person or said to one person to indicate respect)

AILMENTS

How long have you been sick?	**Wava nenguva yakadini uchirwara?**
Where does it hurt?	**Zvinorwadza papi?**
It hurts here.	**Zvinorwadza apa.**

I have been throwing up.	**Ndanga ndichirutsa.**
I feel dizzy.	**Ndiri kunzwa kuneta.**
I cannot eat.	**Handisi kukwanisa kudya.**
I cannot sleep.	**Handisi kukwanisa kurara.**
I feel better.	**Ndiri kunzwa zviri nani.**
I feel worse.	**Handisi kunzwa zviri nani.**
I am ...	**Ndine ...**
...diabetic.	**...chirwere cheshuga.**
...asthmatic.	**...asima.**
I am pregnant.	**Ndine pamuviri.**
I have ...	**Ndine ...**
You have ...	**Une ...**
...allergy.	**...aleji.**
...fever.	**...fivha.**
...cold.	**...chikosoro.**
...headache.	**...musoro.**
...toothache.	**...zino.**
...stomachache.	**...mudumbu.**
...backache.	**...musana.**
...diarrhea.	**...manyoka.**
...wound.	**...chironda.**
She has fainted.	**Afenda.**
Notify my friend.	**Zivisai shamwari yangu.**
Notify my wife.	**Zivisai mukadzi wangu.**
Notify my husband.	**Zivisai murume wangu.**

Notify my child.	**Zivisai mwana wangu.**
Notify my parents.	**Zivisai vabereki vangu.**
Notify my coworkers.	**Zivisai vandinosevenza navo.**

MEDICATION

I need medication for...	**Ndinoda mushonga we...**
What type of medication is this?	**Mushonga werudzii uyu?**
How many times a day?	**Kangani pazuva?**
Before meals	**Musati madya**
After meals	**Mushure mekudya**
Once a day	**Kamwe chete pazuva**
Twice a day	**Kaviri pazuva**
Three times a day	**Katatu pazuva**
A teaspoonful	**Chipunu chimwe chete**
Two teaspoons	**Zvipunu zviviri**
One tablespoon	**Tebhuru sipunu imwe chete**

HEALTH WORDS

AIDS	**mukondombera, edzi**
ambulance	**amburenzi**
anesthetic	**jekiseni rekukotsirisa**

antibiotic	**antibhayotiki**
bandage	**bhandeji**
blood	**ropa**
blood group	**blood gurupu**
blood pressure	**BP**
bone	**pfupa**
cancer	**kentsa**
cholera	**korera**
clinic	**kiriniki**
dentist	**chiremba wemazino**
doctor	**chiremba, dhokota**
fever	**fivha**
flu	**furuu**
fracture	**furakicha**
hospital	**chipatara**
injection	**jekiseni**
medicine	**mushonga**
needle	**tsono**
nurse	**nesi, mukoti**
operation	**oparesheni**
oxygen	**okisijeni**
pediatrician	**chiremba wevana**
painkiller	**mushonga unonyaradza kurwadza**
pills	**mapiritsi**
surgery	**sejari**
theatre (operating room)	**thiyeta**
thermometer	**themomita**
X-ray	**Ekisi reyi**

HEALTH

EYESIGHT

I need glasses.	**Ndinoda magirazi.**
I have broken my glasses.	**Ndapwanya magirazi angu.**
Can you repair them?	**Mungaagadzire here?**
When can I collect them?	**Ndingaatore rinhi?**

PARTS OF THE BODY

ankle	**ziso regumbo**
arm	**ruoko**
back	**musana**
beard	**ndebvu**
blood	**ropa**
body	**muviri**
bone	**bvupa**
breast	**zamu**
chest	**chipfuva**
chin	**chirebvu**
ear	**nzeve**
elbow	**gokora**
eye	**ziso**
face	**uso**
finger	**chigunwe**
genitals	**zvombo**
hair	**vhudzi**
hand	**ruoko**
head	**musoro**

heart	**mwoyo**
kidney, kidneys	**itsvo**
knee	**ibvi**
leg	**gumbo**
lip	**muromo**
liver	**chitaka**
lung	**bapu**
lungs	**mapapu**
mouth	**muromo**
neck	**huro, mutsipa**
nose	**mhuno**
shoulder	**bendekete**
stomach	**dumbu**
throat	**huro**
thumb	**chigunwe**
toe	**chigunwe**
tongue	**rurimi**
tooth	**zino**
teeth	**mazino**
vein	**tsinga**

16. SPORTS

I would like to go to the gym.	**Ndinoda kuenda kugym.**
...to go fishing.	**...kuenda kunoraura.**
...to go hunting.	**...kuenda kunovhima.**
I would like to go swimming.	**Ndinoda kunotuhwinha.**
I would like...	**Ndinoda...**
...to play soccer.	**...kutamba bhora.**
...to play golf.	**kutamba gorofu.**
...to play tennis.	**kutamba tenisi.**
...to play basketball.	**kutamba bhasiketiball.**
I would like to exercise.	**Ndinoda kuekisesaiza.**
...run.	**...kumhanya.**

ball	**bhora**
basketball	**bhasiketi ball**
chess	**chesi**
soccer match	**mutambo wenhabvu**
stadium	**nhandare**
swimming pool	**duhwino**
team	**timu**

17. FARM

agriculture	**kurima**
cattle	**mombe**
crops	**zvirimwa**
earth	**ivhu**
farm	**purazi**
farmer	**murimi**
fertilizer	**fetereza**
field	**munda**
fruit	**muchero**
garden	**gadheni**
harvest v.	**-kohwa**
mill	**chigayo**
plant	**chirimwa**
plow v.	**-rima**
season	**mwaka**
sow v.	**-dyara**
tractor	**tarakita**
wheat	**koroni**
well (of water)	**tsime**

18. WILDLIFE

baboon	**gudo**
buck	**mhembwe**
buffalo	**nyati**
cheetah	**dindingwe**
crocodile	**garwe**
crow	**gunguwo, savara**
eagle	**gondo**
eland (An African antelope)	**mhofu**
elephant	**nzou**
giraffe	**twiza**
guinea fowl	**hanga**
hippopotamus	**mvuu**
hyena	**bere**
impala	**mhara**
jackal	**gava**
kudu (An African antelope)	**nhoro**
leopard	**mbada**
lion	**shumba**
monkey	**soko, shoko**
ostrich	**mhou, mhowani**
owl	**zizi**
python	**shato**
rhino	**chipembere**
snake	**nyoka**
tortoise	**kamba**
warthog	**njiri**
zebra	**mbizi**

19. THE OFFICE

chair	**chigaro**
computer	**kombuta**
desk	**dhesiki**
drawer	**dhirowa**
fax	**fax**
file	**faira**
meeting	**musangano**
paper	**pepa**
pen	**chinyoreso**
pencil	**penzura**
photocopier	**fotokopiya**
printer	**purinda**
report	**ripoti**
ruler	**rura**
telephone	**runhare, foni**

20. COLORS

black	**tema**
brown	**bhurauni**
green	**girini**
orange	**orenji**
red	**tsvuku**
white	**chena**
yellow	**yero**

21. TIME

What time is it?	**Inguvai?**
at 8 P.M.	**na 8 P.M.**
around 8 P.M.	**kuma 8 P.M.**
It is early.	**Nguva ichiripo.**
It is late.	**Nguva yaenda.**
in the morning	**mangwanani**
in the afternoon	**masikati**
in the evening	**manheru**
at midnight	**pakati peusiku**
the day before yesterday	**marimwezuro**
last night	**manheru apfuura**
four days before	**mazuva mana apfuura**
three days before	**mazuva matatu apfuura**
two weeks ago	**masvondo maviri apfuura**
this week	**svondo rino**
last week	**svondo rakapera**
next week	**svondo rinouya**
this month	**mwedzi uno**
last month	**mwedzi wakapera**
next month	**mwedzi unouya**

TIME

this year	**gore rino**
last year	**gore rakapera**
next year	**gore rinouya**

What day is it today?	**Nhasi chingani?**
Today is Friday.	**Nhasi Chishanu.**
Yesterday was Thursday.	**Nezuro chaiva China.**
What will tomorrow be?	**Mangwana chinenge chiri chii?**
Tomorrow is Sunday.	**Mangwana iSvondo.**

this morning	**mangwnani ano**
now	**zvino**
at the moment	**pari zvino**
tonight	**manheru ano**
today	**nhasi**
yesterday	**nezuro**
tomorrow	**mangwana**
night	**usiku**
dawn	**mashambanzou**
dusk	**madeukazuva**
century	**makore zana**
decade	**makore gumi**
year	**gore**
month	**mwedzi**
week	**svondo**
day	**zuva**
hour	**awa**
minute	**mineti**
second	**sekondi**

winter	**chando**
summer	**zhizha**

DAYS OF THE WEEK

Monday	**Muvhuro**
Tuesday	**Chipiri**
Wednesday	**Chitatu**
Thursday	**China**
Friday	**Chishanu**
Saturday	**Mugovera**
Sunday	**Svondo**

MONTHS OF THE YEAR

January	**Ndira**
February	**Kukadzi**
March	**Kurume**
April	**Kubvumbi**
May	**Chivabvu**
June	**Chikumi**
July	**Chikunguru**
August	**Nyamavhuvhu**
September	**Gunyana**
October	**Gumiguru**
November	**Mbudzi**
December	**Zvita**

TIME

HOLIDAYS

Africa day	**Afrika dheyi**
Christmas	**Kirisimasi, Kisimusi**
Easter	**Isita**
Heroes day	**Hirozi dheyi**
Independence day	**Indipendenzi dheyi**
New Year	**Nyu yere**

22. NUMBERS

one	**poshi, hwani**
two	**piri, tuu**
three	**tatu, thrii**
four	**ina, foo**
five	**shanu, faifi**
six	**tanhatu, sikisi**
seven	**nomwe, sevheni**
eight	**sere, eyiti**
nine	**pfumbamwe, naini**
ten	**gumi, teni**
hundred	**zana**
thousand	**churu**
million	**mirioni**

23. WEATHER

It is cold.	**Kuri kutonhora.**
...raining.	**...kunaya.**
...hot.	**...kupisa.**
...warm.	**...kudziya.**
...sunny.	**...Kune zuva.**
...cloudy.	**...Kune makore.**

I want to sit in the sun.	**Ndinoda kugara muzuva.**
...shade.	**...mumumvuri.**

The sun is hot.	**Zuva riri kupisa.**
The sun has risen.	**Zuva rabuda.**
The sun has set.	**Zuva radoka.**

lightning	**mheni**
thunder	**bhanan'ana**
whirlwind	**chamupupuri**
wind	**mhepo**

a bright day	**zuva rakati bhaa**
a dark night	**usiku hwakati ndo-o**
overcast weather	**kunze kwakakwidibira**

USEFUL WORDS

air	**mhepo**
cloud	**gore**

drought	**nzara**
lightning	**mheni**
moon	**mwedzi**
rain	**mvura**
star	**nyenyedzi**
sun	**zuva**
thunder	**bhanan'ana**
weather	**mamiriro ekunze**
wind	**mhepo**

24. WEIGHTS & MEASURES

kilometer	**kiromita**
meter	**mita**
mile	**maira**
gallon	**garoni**
liter	**rita**
kilogram	**kirogiramu**
gram	**giramu**
pound	**paundi**

REFERENCES

Awde, N. 1999. *Somali Dictionary and Phrase-Book*. Hippocrene Books: New York.

Beach, D. 1994. *The Shona and their Neighbours*. Blackwell: Oxford UK.

Chimhundu, H. 1996. *Duramazwi ReChiShona*. College Press: Harare.

Chimhundu, H. and Mashiri P. 1996. *Taurai ChiShona*. Juta: Zimbabwe.

Dale, D. 1968. *Shona Companion*. Mambo Press: Gweru.

Hannan, S.J. 1959. *Standard Shona Dictionary*. College Press: Harare.

Ngara, E. 1982. *Language Planning: Proposals for Language Use and Teaching in Zimbabwe*. Mambo Press: Gweru.

Ruzhowa, D. 1997. *Learning Shona*. Harper Collins Publishers: Harare.

Thondhlana, J. 1996. *Shona Course*. Unpublished Manuscript. University of Zimbabwe.

Aquilina Mawadza
Department of African Languages and Literature
University of Zimbabwe
P.O. Box MP 167
Mount Pleasant
Harare
ZIMBABWE
e-mail: aquilinam@hotmail.com

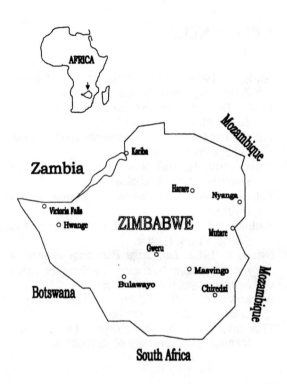

AFRICA

Mozambique

Zambia

Kariba

Harare

Nyanga

Victoria Falls

ZIMBABWE

Mutare

Hwange

Gweru

Masvingo

Botswana

Bulawayo

Chiredzi

Mozambique

South Africa

African Language Titles from Hippocrene ...

Afrikaans-English/English-Afrikaans
Practical Dictionary
Revised Edition
430 pages • 4½ x 6½ • 14,000 entries
• ISBN 0-7818-0846-4 • $14.95pb • (243)

Bemba-English/English-Bemba
Concise Dictionary
233 pages • 4 x 6 • 10,000 entries
• ISBN 0-7818-0630-5 • $13.95pb • (709)

Fulani-English Practical Dictionary
242 pages • 5 x 7¼ • 10,000 entries
• ISBN 0-7818-0404-3 • $14.95pb • (38)

Hausa-English/English-Hausa
Practical Dictionary
431 pages • 5 x 7 • 18,000 entries
• ISBN 0-7818-0426-4 • $16.95pb • (499)

Igbo-English/English-Igbo
Dictionary and Phrasebook
186 pages • 3¾ x 7 • 5,000 entries
• ISBN 0-7818-0661-5 • $11.95pb • (750)

Lingala-English/English-Lingala
Dictionary and Phrasebook
120 pages • 3¾ x 7 • 2,200 entries
• ISBN 0-7818-0456-6 • $11.95pb • (296)

Pulaar-English/English-Pulaar
Standard Dictionary
276 pages • 5¼ x 8½ • 30,000 entries
• ISBN 0-7818-0479-5 • $19.95pb • (600)

Popular Northern Sotho Dictionary:
Sotho-English/English-Sotho
334 pages • 4⅜ x 5⅜ • 25,000 entries
• ISBN 0-627015-861 • $14.95pb • (64)

Somali-English/English-Somali
Dictionary and Phrasebook
176 pages • 3¾ x 7 • 1,400 entries
• ISBN 0-7818-0621 • $13.95pb • (755)

Swahili Phrasebook
90 pages • 5 x 8
• ISBN 0-87052-970-6 • $8.95pb • (73)

Beginner's Swahili
150 pages • 6½ x 10
• ISBN 0-7818-0335-7 • $9.95pb • (52)
2 Cassettes: ISBN 0-7818-0336-5 • $12.95 • (55)

Twi Basic Course
225 pages • 6½ x 8½
• ISBN 0-7818-0394-2 • $16.95pb • (65)

Twi-English/English-Twi Concise Dictionary
332 pages • 4 x 6 • 8,000 entries
• ISBN 0-7818-0264-4 • $12.95pb • (290)

Venda-English Dictionary
490 pages • 6 x 8½ • 20,000 entries
• ISBN 0-6270-1625-1 • $39.95hc • (62)

Yoruba-English/English-Yoruba
Concise Dictionary
257 pages • 4 x 6 • 6,500 entries
• ISBN 0-7818-0263-6 • $14.95pb • (275)

All prices subject to change without prior notice. **To order Hippocrene Books**, contact your local bookstore, call (718) 454-2366 or write to: Hippocrene Books, 171 Madison Avenue, New York, NY 10016. Please enclose check or money order, adding $5.00 shipping (UPS) for the first book and $.50 for each additional book.